CRIPT
ratory
ogram
and Teacher Tape

¡Ya verás!
Tercer nivel

Ana Beatriz Chiquito
University of Bergen, Norway

***

—¿Quién está cansada? Rosa.

***

—¿Por qué está cansada? Porque trabaja mucho.

4. —Luis escribe tarjetas cuando está de vacaciones.

   ***

   —¿Qué escribe Luis? Tarjetas.

   ***

   —¿Cuándo las escribe? Cuando está de vacaciones.

5. —Rosario lee libros en la biblioteca.

   ***

   —¿Qué hace Rosario? Lee libros.

   ***

   —¿Dónde los lee? En la biblioteca.

6. —María estuvo en el restaurante con Eduardo.

   ***

   —¿Dónde estuvo María? En el restaurante.

   ***

   —¿Con quién estuvo? Con Eduardo.

7. —Los López hicieron un viaje por Europa.

   ***

   —¿Qué hicieron los López? Un viaje.

   ***

   —¿Por dónde? Por Europa.

8. —Las chicas vieron ayer una película española.

   ***

   —¿Quiénes vieron una película española? Las chicas.

   ***

   —¿Cuándo la vieron? Ayer.

9. —Hace cinco años los abuelos de Francisco viven en la Florida.

   ***

   —¿Quiénes viven en la Florida? Los abuelos de Francisco.

   ***

   —¿Desde cuándo viven allí? Desde hace cinco años.

10. —León y Liliana tienen tres hijos pequeños.

    ***

    —¿Quiénes tienen tres hijos? León y Liliana.

    ***

    —¿Cómo son los hijos? Pequeños.

V. Preguntas y más preguntas Someone is asking you questions about different issues. Pay attention to the question words used and answer the questions in complete sentences using the cues provided. Use the preterite in the first answer and the imperfect in the second. Follow the model.

MODELO: You read: **el abrigo / llover mucho**
You hear: ¿Qué te pusiste antes de salir?
You say: *Me puse el abrigo.*
You hear: ¿Por qué te pusiste el abrigo?
You say: *Porque llovía mucho.*
You hear: Porque llovía mucho.

1. —¿Qué te regalaron tus hermanos?
   ***
   —¿Por qué te regalaron una tabla vela?
   ***
   —Porque cumplías años.

2. —¿A quién llamaste por teléfono esta mañana?
   ***
   —¿Por qué llamaste al médico?
   ***
   —Porque te sentías mal.

3. —¿Adónde fueron ustedes en agosto?
   ***
   —¿Por qué fueron a Sevilla?
   ***
   —Porque querían tomar sol.

4. —¿A quién le llevaste flores anoche?
   ***
   —¿Por qué le llevaste flores a una chica?
   ***
   —Porque tenía una fiesta.

5. —¿Cuántos días estudiaste matemáticas antes del examen?
   ***
   —¿Por qué estudiaste muchísimos días?
   ***
   —Porque era muy difícil.

VI. Amigos curiosos Answer the questions that your friends ask you using the cues provided. Use direct object pronouns where appropriate. Follow the model.

MODELO: You read: **yo / mucho dinero**
You hear: ¿Quién compró el disco de música rock?
You say: *Yo lo compré.*
You hear: Lo compraste tú. ¿Cuánto te costó?
You say: *¡Me costó mucho dinero!*
You hear: ¡Te costó mucho dinero!

1. —¿Quién hizo estos ejercicios de gramática?
   ***
   —Andrés los hizo. ¿Con quién los hizo?
   ***
   —Los hizo con dos amigos.

Listen for the correct answer. Follow the models.

MODELO 1: You read: **Vicente debe levantarse ya.**
You hear: Vicente debe levantarse ya.
You say: *Vicente, ¡levántate!*
You hear: Vicente, ¡levántate!

1. —Oscar debe ducharse ya.
   ***
   —Oscar, ¡dúchate!

2. —María Luisa debe quedarse en casa.
   ***
   —María Luisa, ¡quédate en casa!

3. —Laura debe peinarse antes de salir.
   ***
   —Laura, ¡péinate antes de salir!

4. —Liliana debe ocuparse de los niños.
   ***
   —Liliana, ¡ocúpate de los niños!

5. —Nicolás debe vestirse rápidamente.
   ***
   —Nicolás, ¡vístete rápidamente!

MODELO 2: You read: **Vicente no debe levantarse todavía.**
You hear: Vicente no debe levantarse todavía.
You say: *Vicente, ¡no te levantes!*
You hear: Vicente, ¡no te levantes!

6. —Oscar no debe ducharse todavía.
   ***
   —Oscar, ¡no te duches!

7. —María Luisa no debe llegar tan tarde a casa.
   ***
   —María Luisa, ¡no llegues tan tarde a casa!

8. —Laura no debe quedarse en la fiesta.
   ***
   —Laura, ¡no te quedes en la fiesta!

9. —Liliana no debe sentarse en la silla mala.
   ***
   —Liliana, ¡no te sientes en la silla mala!

10. —Nicolás no debe quitarse los zapatos en la calle.
    ***
    —Nicolás, ¡no te quites los zapatos en la calle!

III. Los dos son iguales. You are asked to contrast two things or people. Answer that both people or things are equally nice, optimistic, etc. Remember to add the correct ending to make the adjective plural. Follow the model.

MODELO: You hear: ¿Cuál es más interesante, el libro de matemáticas o el de literatura?
You say: *Los dos son interesantes.*
You hear: Sí, yo también pienso igual. Los dos libros son interesantes.

1. —¿Cuál chica es más simpática, Lolita o Mercedes?
   ***
   —Sí, yo también pienso igual. Las dos son simpáticas.

2. —Yo creo que Héctor es mucho más optimista que Guillermo. ¿Qué crees tú?
   ***
   —Sí, yo también creo lo mismo. Los dos son optimistas.

3. —Pilar dice que ella es más feliz que su marido Hernando. ¿Qué opinas tú?
   ***
   —Sí, yo también pienso igual. Los dos son felices.

4. —A mí me parece que el examen de literatura es más difícil que el de inglés. ¿Qué opinas tú?
   ***
   —Sí, yo también creo lo mismo. Los dos son difíciles.

5. —¿Quién es francés, el papá de Jacqueline o su mamá?
   ***
   —Sí, yo también pienso igual. Los dos son franceses.

IV. La gran familia A friend of yours from Madrid is asking you questions about your many relatives. First, answer your friend's questions about where your relatives are from and about your relationship with them. Second, describe the personality of your relatives using the cues provided for that purpose. Follow the model.

MODELO : You read: **primo(a)**
You hear: ¿Cecilia es de Francia?
You say: *Sí, Cecilia es francesa.*
You hear: Ella es francesa. ¿Es tu pariente?
You say: *Sí, Cecilia es mi prima.*
You hear: Ah, es tu prima. ¿Y cómo es Cecilia?
You read: **simpático(a)**
honesto(a)
generoso(a)
alegre
activo(a)
enérgico(a)
optimista
You say: *Cecilia es simpática, honesta, generosa, alegre, activa, enérgica y optimista.*
You hear: Cecilia es simpática, honesta, generosa, alegre, activa, enérgica y optimista.

1. —¿Doña Elisa es de México?
   ***

   —Ella es mexicana. ¿Es tu pariente?
   ***

   —Ah, es tu tía. ¿Y cómo es doña Elisa?
   ***

   —Doña Elisa es simpática, honesta, generosa, alegre, activa, enérgica y optimista.

2. —¿Fernando es de Argentina?
   ***

   —Él es argentino. ¿Es tu pariente?
   ***

   —Ah, es tu hermanastro. ¿Y cómo es Fernando?
   ***

   —Fernando es simpático, honesto, generoso, alegre, activo, enérgico y optimista.

3. —¿Felipe y Nicolás son de Colombia?
   ***

   —Ellos son colombianos. ¿Son tus parientes?
   ***

   —Ah, son tus hermanos. ¿Y cómo son Felipe y Nicolás?
   ***

   —Felipe y Nicolás son simpáticos, honestos, generosos, alegres, activos, enérgicos y optimistas.

4. —¿Don Julio es de Chile?
   ***

   —Él es chileno. ¿Es tu pariente?
   ***

   —Ah, es tu abuelo. ¿Y cómo es tu abuelo?
   ***

   —Don Julio es simpático, honesto, generoso, alegre, activo, enérgico y optimista.

5. —¿Isabel y Gloria son del Perú?
   ***

   —Ellas son peruanas. ¿Son tus parientes?
   ***

   —Ah, ellas son tus sobrinas. ¿Y cómo son tus sobrinas?
   ***

   —Isabel y Gloria son simpáticas, honestas, generosas, alegres, activas, enérgicas y optimistas.

V. **¿Y ellos qué tenían?** You and a friend are talking about other friends who apparently haven't felt well lately. You ask what was wrong with them and what medical advice they got. Your friend is not quite sure, but you get an answer anyway. Follow the model.

MODELO: You read: **Cecilia / dar / el médico**
   You say: *¿Qué tenía Cecilia?*
   You hear: Cecilia tenía mucha tos anoche.
   You say: *¿Qué le dio el médico?*
   You hear: ¿Qué?... ¿qué le dio el médico?
   No lo sé, pero creo que le dio un jarabe para la tos.

1. ***
   —Néstor tenía dolor de cabeza esta mañana.
   ***
   —¿Qué?... ¿qué le compró su mamá?
   No lo sé, pero creo que le compró una aspirina.

2. ***
   —Rosita tenía una infección en la garganta.
   ***
   —¿Qué?... ¿qué le recetó el especialista?
   No lo sé, pero creo que le recetó un antibiótico muy fuerte.

3. ***
   —Yolanda tenía mucha alergia cuando estaba en Sevilla.
   ***
   —¿Qué?... ¿qué le recomendó el farmacéutico?
   No lo sé, pero creo que le recomendó un antihistamínico.

4. ***
   —Luis tenía los ojos rojos ayer porque estudió hasta medianoche.
   ***
   —¿Qué?... ¿qué le dio la enfermera?
   No lo sé, pero creo que le dio unas gotas para los ojos.

5. ***
   —Hernando tenía un fuerte resfriado ayer.
   ***
   —¿Qué?... ¿qué le sugirió la mamá?
   No lo sé, pero creo que le sugirió beber mucho jugo de naranja.

VI. **En gustos no hay nada escrito.** Answer your friend's questions about your and other people's likes and dislikes. Answer the first question in each item using the verb that your friend uses and follow the cue for an affirmative or a negative answer. Then answer the second question using the verb **gustar**. Follow the model.

MODELO: You read: **sí / yo / gustar**
            You hear: ¿Comes tú muchos vegetales?
            You say: *Sí, como muchos vegetales.*
            You hear: ¿Por qué comes muchos vegetales?
            You say: *Porque me gustan los vegetales.*
            You hear: ¡Qué bien! A mí también me gustan mucho.

1. —¿Tu mamá sirve arroz con pollo frecuentemente?
   ***
   —¿Por qué sirve tu mamá arroz con pollo frecuentemente?
   ***
   —¡Qué bien! A nosotros también nos gusta mucho.

2. —Celina prepara las sopas con sal y pimienta, ¿verdad?
   ***
   —¿Por qué prepara Celina las sopas con sal y pimienta?
   ***
   —¡Qué bien! A ella le gustan. A mí también me gustan mucho.

3. —¿Tus hermanitos toman sopa de espinaca?
   ***

   —¿Por qué no toman sopa de espinaca?
   ***

   —¡Vaya! A ellos no les gusta. A mí tampoco me gusta mucho.

4. —¿Comes postres dulces todos los días?
   ***

   —¿Por qué no comes postres dulces todos los días?
   ***

   —¡Ah, no te gustan! A mí tampoco me gustan mucho.

5. —¿Las chicas beben jugo de naranja al desayuno?
   ***

   —¿Por qué beben las chicas jugo de naranja?
   ***

   —¡Qué bien! A mí también me gusta mucho.

Aquí llegamos

I. **Minidictado** Listen to this fable about the horse, the ox, the dog, and the man. This very old fable, written originally by Aesop, explains why the personality of a human being changes. As you listen, complete the sentences with the missing verb forms. You will hear the text twice.

El caballo, el buey, el perro y el hombre

El dios Zeus hizo al Hombre con una vida muy corta, pero el Hombre no estaba contento y quería una vida más larga. Como tenía inteligencia, empezó a buscar más años.

La oportunidad de conseguir más años llegó con el invierno. Cuando empezó a nevar, el Hombre necesitaba una casa y construyó una en las montañas.

Un día, llegó un Caballo a la casa del Hombre y le dijo:
—Hombre, hace mucho frío, ya no puedo resistir la nieve y el viento. Por favor, déjame vivir en tu casa.

El Hombre le contestó:
—Quédate, pero con una condición: me das una parte de los años que Zeus te dio a ti.

El Caballo le dio los años al Hombre y se quedó en la casa durante el invierno.

Poco después, llegó el Buey, tocó a la puerta y dijo:
—Hombre, el invierno es insoportable. Ya no puedo caminar, tengo las patas frías y me duele todo el cuerpo. ¡Déjame estar en tu casa hasta la primavera!

El Hombre le contestó:
—Puedes quedarte con una condición: tienes que regalarme unos años de tu vida.

El Buey le dio los años al Hombre y también se quedó en la casa para pasar el invierno.

Por último, llegó el Perro y le dijo al Hombre:
—Hombre, necesito una casa, estoy enfermo, tengo hambre y frío. ¿Puedo vivir en tu casa?

El Hombre le dijo al Perro lo mismo que al Caballo y al Buey:
—Sí, Perro, te puedes quedar, pero con una condición: me tienes que dar unos años de tu vida.

El Perro, como estaba tan hambriento y cansado, le dijo al Hombre que sí y se quedó en su casa.

De esta manera, el Hombre pudo vivir una vida mucho más larga que la vida que le dio Zeus.

Esta historia explica los cambios en el carácter del Hombre: el Hombre es bueno cuando todavía es un niño. Cuando está joven, vive los años del Caballo, pues es fuerte y enérgico. Cuando es un adulto, vive los años del Buey y es fuerte y trabajador. Cuando envejece, llega a los años del Perro, entonces, muchas veces, se convierte en una persona de mal humor.

II. Los parques de Madrid Listen to this description of Enrique and Milena's tour through the parks of Madrid. Before you start, read the list of proper names you will hear in the story and the questions that you will have to answer. Then listen to the story and select the correct answer to each question. You will hear the description twice.

Los parques de Madrid

El rey Felipe III convirtió a Madrid en la capital de España en 1606. Madrid está junto al río Manzanares, un río con poca agua y con grandes puentes históricos. Tiene hermosos monumentos y muchos parques. Allí estuvieron Milena y Enrique durante el verano.

Milena y Enrique empezaron su paseo el viernes, muy temprano por la mañana. Primero fueron al parque del Retiro. Es una isla verde llena de árboles. Les gustó mucho pasear por los jardines y ver las esculturas de piedra de muchos reyes españoles. Después de mirar las estatuas, estuvieron en el palacio de Cristal, donde vieron una exposición de un gran pintor español que se llama Goya. Había cuadros muy bonitos y de gran valor.

Por la tarde, cuando salieron del Retiro, fueron al Jardín Botánico porque a Milena le interesa mucho la botánica. Allí hay miles de clases de árboles, plantas y flores. Milena le explicó a Enrique muchas cosas interesantes sobre todo lo que vieron en el jardín. El mismo día, por la tarde, fueron al parque de Rosales, cerca del río Manzanares. Allí se sentaron a beberse un refresco porque hacía bastante calor en la ciudad.

El sábado por la mañana, decidieron visitar el gran parque de la Casa de Campo. Este parque lo fundó el rey Felipe II y está al lado derecho del río Manzanares. Tiene muchos árboles y un hermoso lago, donde la gente pasea en pequeños botes. Enrique y Milena se quedaron allí hasta por la noche.

III. Verbos para recordar: los verbos *conducir, traer, decir* Make substitutions in the sentences you hear. Follow the model.

MODELO: You hear: Diana condujo muy bien el coche.
You repeat: *Diana condujo muy bien el coche.*
You hear: los chicos
You say: *Los chicos condujeron muy bien el coche.*
You hear: Los chicos condujeron muy bien el coche.

1. —Don Pedro conduce el autobús.
   ***
   —ellos
   ***
   —Ellos conducen el autobús.
   —nosotros
   ***
   —Nosotros conducimos el autobús.
   —tú
   ***
   —Tú conduces el autobús.
   —yo

***
—Yo conduzco el autobús.
—usted
***
—Usted conduce el autobús.

2. —Celina trajo el dinero del vendedor.
   ***
   —los chicos
   ***
   —Los chicos trajeron el dinero del vendedor.
   —yo
   ***
   —Yo traje el dinero del vendedor.
   —nosotros
   ***
   —Nosotros trajimos el dinero del vendedor.
   —usted
   ***
   —Usted trajo el dinero del vendedor.
   —tú
   ***
   —Tú trajiste el dinero del vendedor.

3. —Gonzalo no dijo nada.
   ***
   —las chicas
   ***
   —Las chicas no dijeron nada.
   —tú
   ***
   —Tú no dijiste nada.
   —nosotros
   ***
   —Nosotros no dijimos nada.
   —ustedes
   ***
   —Ustedes no dijeron nada.
   —Marcela
   ***
   —Marcela no dijo nada.

IV. **Poner y ponerse** Make substitutions in the sentences you hear. Follow the model.

MODELO: You hear: Yo me puse el sombrero y me marché.
          You say: *Yo me puse el sombrero y me marché.*
          You hear: Rosa
          You say: *Rosa se puso el sombrero y se marchó.*
          You hear: Rosa se puso el sombrero y se marchó.

1. —Yo me puse el abrigo porque llovía.
   ***
   —tú

***

—Tú te pusiste el abrigo porque llovía.

—nosotros

***

—Nosotros nos pusimos el abrigo porque llovía.

—usted

***

—Usted se puso el abrigo porque llovía.

—Elena

***

—Elena se puso el abrigo porque llovía.

—ellos

***

—Ellos se pusieron el abrigo porque llovía.

2. —Yo no puse las flores en el florero.

***

—Pilar

***

—Pilar no puso las flores en el florero.

—ustedes

***

—Ustedes no pusieron las flores en el florero.

—nosotros

***

—Nosotros no pusimos las flores en el florero.

—las chicas

***

—Las chicas no pusieron las flores en el florero.

—usted

***

—Usted no puso las flores en el florero.

La ropa y la comida

CAPÍTULO UNO

Vamos de compras

I. Una tarde de compras Listen to this conversation between Felicia and Clara, who are in **Galerías Preciados**, a department store in Madrid. You will hear the conversation twice. As you listen the first time, look at the drawings of clothing and indicate who bought or wants to buy each article by writing **F** for Felicia or **C** for Clara next to the article. After you listen to the conversation the second time, select the correct answer to each question.

Una tarde de compras

Clara: Felicia, este vestido de rayas es muy bonito. Creo que hace juego con tu chaqueta blanca.

Felicia: Sí, es muy bonito, pero creo que me queda chico. Necesito uno más grande.

Clara: Aquí lo tienes, ¡pruébatelo!

Felicia: Sí, voy a probármelo. A ver, a ver... sí, luce muy bien. ¡Lo compro!

Clara: Ahora, yo quisiera mirar unas sandalias; las que tenía antes me quedan muy mal, además, ya no están de moda.

Felicia: Pero son muy caras, Clara, ¿tienes dinero?

Clara: Sí, tengo suficiente dinero... creo... ¡Mira... mira estas sandalias, qué bonitas! Tienen un color que me gusta.

Felicia: Sí, ¡pruébatelas!

Clara: Me quedan muy bien, las voy a comprar. También necesito un sombrero para la playa y un traje de baño.

Felicia: ¿Piensas ir a la playa? ¡Estás comprando sandalias, sombrero y traje de baño!

Clara: ¿No lo sabías, Felicia? Nos vamos a pasar las vacaciones a Málaga.

Felicia: ¡Qué suerte tienes! Yo tengo que quedarme en Madrid. Tengo que estudiar porque necesito mejorar mis notas de historia.

Clara: Qué pena, ¡no puedes ir a la playa!

Felicia: Sí, es una pena, ¿verdad? En fin, no hay remedio, tengo que estudiar. Ah, por poco lo olvido, necesito también un cinturón para el vestido nuevo. ¡Ayúdame a buscar uno bonito!

Clara: Mira éste, es de cuero y hace juego con tu vestido.

Felicia: Gracias, Clara, ¡queda perfecto!

Clara: Bien, ahora, vamos a comprarte medias. Necesitas unas medias para usarlas con el nuevo vestido. Mira éstas. ¿Qué te parecen?

Felicia: Me parece que no hacen juego con el color del vestido. Miremos otras.

Clara: Mira, Felicia, éstas están muy bien y el precio no es muy alto. ¡Cómpralas!

Felicia: De acuerdo, Clara. Dámelas, también voy a comprarlas. ¡Gracias por tu ayuda!

Clara: De nada, Felicia, de nada... ¡Y ahora, nos vamos a casa!

II. ¿De quién están hablando? Look at the drawings of children wearing different types of clothing. First, you will hear a description of what each child is wearing. This exercise has two parts.

Listen to the description and decide which picture is being described. You will then hear the correct number and the name of the person pictured. Write the person's name under the picture.

You will then hear several questions about the clothing items that the person is wearing. Answer the questions affirmatively or negatively.

MODELO: You hear: Esta persona luce muy elegante. Lleva una falda muy bonita que hace juego con el chaleco. ¡Le queda muy bien esa ropa! ¿Quién es?

    You check: *Dibujo número 3*

    You hear: El dibujo correcto es el número 3. La chica se llama Lucía. Ele-u-ce-i con acento-a: Lucía.

    You write: *Lucía* (below Dibujo número 3)

    You hear: Now answer these questions about what Lucía is wearing.

    You see: **(Dibujo número 3: Lucía.)**

    You hear: ¿Lucía lleva chaleco?

    You say: *Sí, Lucía lleva chaleco.*

    You hear: Es cierto, Lucía lleva chaleco. ¿Lucía lleva sombrero?

    You say: *No, Lucía no lleva sombrero.*

    You hear: Es cierto, Lucía no lleva sombrero. ¿A Lucía le queda bien esa ropa?

    You say: *Sí, a Lucía le queda bien esa ropa.*

    You hear: Es cierto, a Lucía le queda bien esa ropa.

1. —Esta persona lleva camiseta de algodón, sandalias y sombrero. La falda de lunares hace juego con el pañuelo que lleva en el sombrero. Parece que va para la playa. ¡La ropa que lleva le queda muy bien! ¿Quién es?
   ***

   —El dibujo correcto es el dibujo número 1. La chica se llama Clara. Ce-ele-a-ere-a: Clara.

   Now answer these questions about what Clara is wearing.

   —¿Lleva Clara abrigo?
   ***

   —Es cierto, Clara no lleva abrigo.

   —¿Hace juego el pañuelo con la camiseta?
   ***

   —Es cierto, el pañuelo no hace juego con la camiseta.

   —¿La ropa que lleva le queda bien a Clara?
   ***

   —Es cierto, la ropa que lleva le queda bien.

   —¿Lleva Clara sombrero?

***

—Sí, es cierto, Clara lleva sombrero.

—¿La falda que lleva Clara es de lunares?
***
—Es cierto, la falda que lleva es de lunares.

2. —Esta persona lleva vaqueros, suéter de lana y zapatos de tenis.
   El suéter le queda muy chico; ¡parece el suéter de una persona más pequeña!
   ¡Esa ropa le queda muy mal! ¿Quién es?
   ***
   —El dibujo correcto es el dibujo número 2.
   El chico se llama Mario. Eme-a-ere-i-o: Mario.

Now answer these questions about what Mario is wearing.

—¿Lleva Mario sudadera?
***
—Es cierto, Mario no lleva sudadera.

—¿Lleva Mario guantes?
***
—Es cierto, Mario no lleva guantes.

—¿Lleva Mario zapatos de tenis?
***
—Es cierto, Mario lleva zapatos de tenis.

—¿A Mario le queda chico el suéter?
***
—Es cierto, a Mario le queda chico el suéter.

3. —Esta persona lleva un traje muy elegante, camisa de poliéster y corbata.
   ¿Quién es?
   ***
   —El dibujo correcto es el dibujo número 5.
   El chico se llama Alejandro. A-ele-e-jota-a-ene-de-ere-o: Alejandro.

Now answer these questions about what Alejandro is wearing.

—¿Lleva Alejandro zapatos de tenis?
***
—Es cierto, Alejandro no lleva zapatos de tenis.

—¿Lleva Alejandro impermeable?
***
—Es cierto, Alejandro no lleva impermeable.

—¿Le queda bien el traje a Alejandro?
***
—Es cierto, a Alejandro le queda bien el traje.

—¿Lleva Alejandro corbata?
***
—Es cierto, Alejandro lleva corbata.

4. —Esta persona lleva zapatos de tenis, camiseta de algodón y pantalones cortos. Lleva también calcetines. ¿Quién es?
   ***
   —El dibujo correcto es el dibujo número 4.
   El chico se llama Felipe: Efe-e-ele-i-pe-e: Felipe.

Now answer these questions about what Felipe is wearing.

   —¿Lleva saco Felipe?
   ***
   —Es cierto, Felipe no lleva saco.

   —¿Lleva Felipe corbata?
   ***
   —Es cierto, Felipe no lleva corbata.

   —¿Lleva Felipe pantalones cortos?
   ***
   —Es cierto, Felipe lleva pantalones cortos.

   —¿Lleva Felipe calcetines?
   ***
   —Es cierto, Felipe lleva calcetines.

   —¿Lleva Felipe camiseta de algodón?
   ***
   —Es cierto, Felipe lleva camiseta de algodón.

5. —Esta persona lleva una falda de lana, una chaqueta muy gruesa, guantes, bufanda y botas. ¿Quién es?
   ***
   —El dibujo correcto es el dibujo número 6.
   La chica se llama Berta. Be-e-ere-te-a: Berta.

Now answer these questions about what Berta is wearing.

   —¿Lleva Berta pantalones?
   ***
   —Es cierto, Berta no lleva pantalones.

   —¿Lleva Berta guantes?
   ***
   —Es cierto, Berta lleva guantes.

   —¿Lleva Berta pañuelo?
   ***
   —Es cierto, Berta no lleva pañuelo.

   _¿Lleva Berta vestido?
   ***
   —Es cierto, Berta no lleva vestido.

III. Los favores People are going to ask you whether you want them to get you something or show you some article. For the six questions following the first model, answer in the negative. For the six questions following the second model, answer affirmatively. Use the appropriate indirect and direct object pronouns in your answers. After answering each question, listen to the correct answer and repeat the entire phrase.

MODELO 1: You hear: ¿Te traigo el abrigo?
           You say: *¡No, gracias, no me lo traigas!*
           You hear: ¡No, gracias, no me lo traigas!
           You repeat: *¡No, gracias, no me lo traigas!*

1. —¿Te traigo los calcetines?
    ***

    —¡No, gracias, no me los traigas!
    ***

2. —¿Te muestro las sudaderas?
    ***

    —¡No, gracias, no me las muestres!
    ***

3. —¿Te envío el cinturón?
    ***

    —¡No, gracias, no me lo envíes!
    ***

4. —¿Te digo la verdad?
    ***

    —¡No, gracias, no me la digas!
    ***

5. —¿Te escribo los documentos?
    ***

    —¡No, gracias, no me los escribas!
    ***

6. —¿Te hago el desayuno mañana?
    ***

    —¡No, gracias, no me lo hagas!
    ***

MODELO 2: You hear: ¿Te traigo el sombrero?
           You say: *¡Sí, tráemelo, por favor.*
           You hear: ¡Sí, tráemelo, por favor!
           You repeat: *¡Sí, tráemelo, por favor!*

7. —¿Te compro los zapatos de tenis?
    ***

    —¡Sí, cómpramelos, por favor!
    ***

8. —¿Te sirvo la sopa ya?
    ***

    —¡Sí, sírvemela, por favor!
    ***

9. —¿Te traigo el impermeable?
    ***

    —¡Sí, tráemelo, por favor!
    ***

10. —¿Te muestro los vaqueros?
    ***

    —¡Sí, muéstramelos, por favor!
    ***

11. —¿Te lavo las blusas?
    ***

    —¡Sí, lávamelas, por favor!
    ***

12. —¿Te pido un taxi?
    ***

    —¡Sí, pídemelo, por favor!
    ***

IV. **¿Quién regala tantas cosas?** Answer the following questions using the cues provided. Substitute the appropriate indirect and direct object pronouns for the nouns. Listen for the correct answer, then repeat the entire phrase. Answer the questions following the first model using **yo** and the questions following the second model using **nosotros**.

MODELO 1: You read: **mi mamá / regalar / comprar en Valencia**
           You hear: ¿Quién te regaló las botas?
           You say: *Mi mamá me las regaló.*
           You hear: Mi mamá me las regaló.
                      ¿Dónde te las compró?
           You say: *Me las compró en Valencia.*
           You hear: Me las compró en Valencia.

1. —¿Quién te regaló los guantes?
   ***

   —Mis amigos me los regalaron.
   —¿Dónde te los compraron?
   ***

   —Me los compraron en Argentina.

2. —¿Quién te regaló el suéter?
   ***

   —Viviana me lo regaló.
   —¿Dónde te lo compró?
   ***

   —Me lo compró en Lima.

3. —¿Quién te regaló las botas?
   ***

   —Lolita me las regaló.
   —¿Y dónde te las compró?
   ***

   —Me las compró en Orlando.

4. —¿Quién te regaló los pañuelos?
   ***

   —Liliana y Marta me los regalaron.
   —¿Y dónde te los compraron?
   ***

   —Me los compraron en Granada.

5. —¿Quién te regaló las camisas?
   ***

   —Rogelio me las regaló.
   —¿Y dónde te las compró?
   ***

   —Me las compró en Madrid.

MODELO 2:   You read: **unos amigos / regalar / comprar en Orlando**
                         You hear: ¿Quién les regaló las camisetas?
                         You say: *Unos amigos nos las regalaron.*
                         You hear: Unos amigos nos las regalaron.
                                             ¿Dónde se las compraron?
                         You say: *Nos las compraron en Orlando.*
                         You hear: Nos las compraron en Orlando.

6. —¿Quién les regaló los guantes?
   ***

   —Unos amigos nos los regalaron.
   —¿Dónde se los compraron?
   ***

   —Nos los compraron en Venezuela.

7. —¿Quién les regaló los sombreros?
   ***

   —Los tíos nos los regalaron.
   —¿Dónde se los compraron?
   ***

   —Nos los compraron en Barcelona.

8. —¿Quién les regaló las blusas?
   ***

   —Patricia y José nos las regalaron.
   —¿Y dónde se las compraron?
   ***

   —Nos las compraron en Nuevo México.

9. —¿Quién les regaló los zapatos?
   ***

   —La profesora nos los regaló.
   —¿Y dónde se los compró?
   ***

   —Nos los compró en Nicaragua.

10. —¿Quién les regaló los libros?
    ***

    —Una prima nos los regaló.
    —¿Y dónde se los compró?
    ***

    —Nos los compró en Sevilla.

V.   **¿A quién?** Your friend tells you that he must do things for people; for example, tell the truth, give something, etc. Advise your friend to do each thing. Use a command word (**di** or **compra**) with the direct and the indirect object pronouns. You will make five substitutions after each model.

MODELO 1:   You hear: Tengo que decirle la verdad.
            You say: *¿A quién?*
            You hear: A Elena.
            You say: *Ah, entonces, ¡dísela!*
            You hear: Claro, ¡dísela!

1.   —Tengo que decirles la verdad.
     ***
     —A los profesores.
     ***
     —¡Claro, dísela!

2.   —Tengo que decirte la verdad.
     ***
     —A ti.
     ***
     —¡Claro, dímela!

3.   —Tengo que decirle la verdad.
     ***
     —A mi mamá.
     ***
     —¡Claro, dísela!

4.   —Tengo que decirles la verdad.
     ***
     —A ustedes.
     ***
     —¡Claro, dínosla!

5.   —Tengo que decirles la verdad.
     ***
     —A mis amigos.
     ***
     —¡Claro, dísela!

MODELO 2:   You hear: Tengo que comprarle un regalo.
            You say: *¿A quién?*
            You hear: A José.
            You say: *Ah, entonces, ¡cómpraselo!*
            You hear: Claro, ¡cómpraselo!

6.   —Tengo que comprarles un regalo.
     ***
     —A los profesores.
     ***
     —¡Claro, cómpraselo!

7.   —Tengo que comprarte un regalo.
     ***
     —A ti.
     ***
     —¡Claro, cómpramelo!

8. —Tengo que comprarle un regalo.
   ***
   —A mi mamá.
   ***
   —¡Claro, cómpraselo!

9. —Tengo que comprarles un regalo.
   ***
   —A ustedes.
   ***
   —¡Claro, cómpranoslo!

10. —Tengo que comprarles un regalo.
    ***
    —A mis amigos.
    ***
    —¡Claro, cómpraselo!

VI. Necesito comprar ropa. You are at a clothing store buying clothes for someone else. Use the cues provided to carry out a conversation with the salesperson. Use the sentences in the model as a guide, making all the necessary changes depending on the article you are buying.

MODELO: You read: **guantes / 9 / cuero / negro / gracias /
                       probar— — / muy bien / llevarse**
          You hear: Buenas tardes, ¿le puedo ayudar?
          You say: *Sí, por favor, quisiera comprar unos guantes.*
          You hear: ¿Unos guantes? Con mucho gusto. ¿Qué talla?
          You say: *Talla nueve.*
          You hear: Talla nueve. ¿De cuero o de lana?
          You say: *De cuero.*
          You hear: De cuero. ¿De qué color?
          You say: *Negros.*
          You hear: Voy a traérselos. Un momento, por favor.
          You say: *Gracias.*
          You hear: Aquí tiene, un par de guantes negros de cuero en talla nueve.
                      ¿Quiere probárselos?
          You say: *Sí, quiero probármelos.*
          You hear: ¿Cómo le quedan?
          You say: *Me quedan muy bien.*
          You hear: Sí, le quedan muy bien. Valen 3.000 pesetas. ¿Se los lleva?
          You say: *Sí, me los llevo.*
          You hear: Aquí los tiene.
          You say: *Hasta luego y gracias.*
          You hear: ¡Hasta luego!

1. —Buenas tardes, ¿le puedo ayudar?
   ***
   —¿Una camiseta? Con mucho gusto. ¿Qué talla?
   ***
   —Talla pequeña. ¿De algodón o de poliéster?
   ***
   —De algodón. ¿De qué color?

***

—Voy a traérsela. Un momento, por favor.

***

—Aquí tiene, una camiseta azul de algodón en talla pequeña. ¿Quiere probársela?

***

—¿Cómo le queda?

***

—Sí, le queda muy bien. Vale 1.500 pesetas. ¿Se la lleva?

***

—Aquí la tiene.

***

—¡Hasta luego!

2. —Buenas tardes, ¿le puedo ayudar?

***

—¿Unas sandalias? Con mucho gusto. ¿Qué talla?

***

—Talla 39. ¿De mezclilla o de cuero?

***

—De cuero. ¿De qué color?

***

—Voy a traérselas. Un momento, por favor.

***

—Aquí tiene, unas sandalias verdes de cuero en talla 39. ¿Quiere probárselas?

***

—¿Cómo le quedan?

***

—Sí, le quedan muy bien. Valen 3.800 pesetas. ¿Se las lleva?

***

—Aquí las tiene.

***

—¡Hasta luego!

3. —Buenas tardes, ¿le puedo ayudar?

***

—¿Un suéter? Con mucho gusto. ¿Qué talla?

***

—Talla 40. ¿De lana o poliéster?

***

—De lana. ¿De qué color?

***

—Voy a traérselo. Un momento, por favor.

***

—Aquí tiene, un suéter blanco de lana en talla 40. ¿Quiere probárselo?

***

—¿Cómo le queda?

***

—Sí, le queda muy bien. Vale 2.800 pesetas. ¿Se lo lleva?

***

—Aquí lo tiene.

***

—¡Hasta luego!

CAPITULO DOS

La comida de España

I. **La buena mesa** Laura, Vicente, and Carmen are in a Spanish restaurant discussing what they are going to order. As you listen to their conversation, consult the menu and check the items that each one has decided to order.

Restaurante

LA BUENA MESA

Laura: Fue muy buena idea venir a cenar a este restaurante. Me encanta la comida española. ¿Qué vas a pedir tú, Vicente?

Vicente: No sé, no sé… déjame ver… ¡Este menú tiene tantas cosas!

Carmen: Sí, aquí se sirve de todo. El menú es completísimo.

Vicente: Laura, tú estuviste aquí el mes pasado y conoces la comida. ¿Qué nos recomiendas?

Laura: Aquí todo es bueno, la carne, los pescados, las bebidas…

Vicente: ¡Yo tengo tanta hambre que me pudiera comer un toro!

Laura: Entonces, no hablemos más y pidamos la cena. Tengo ganas de comer pescado hoy… este pescado frito parece bueno.

Carmen: Pídelo, Laura, ese plato es delicioso.

Vicente: Carmen tiene razón, es muy bueno. Se sirve con vegetales y con salsa de camarones… y…

Laura: Entonces, pescado frito para mí. ¿Y tú, Vicente?

Vicente: Yo tengo ganas de comer carne. Me gustan mucho las chuletas de cerdo… sí, voy a pedir chuletas de cerdo y ensalada de cebolla y tomate.

Carmen: Pues para mí, un bistec. ¿A quién le apetece entrada o aperitivo?

Laura: Pues yo quisiera solamente una ensalada mixta y mucho pan con mantequilla para acompañar el pescado.

Carmen: Yo quiero aperitivo. Quisiera una tortilla española, pero fría… no me gusta caliente.

Vicente: Yo también voy a pedir aperitivo… unos calamares fritos estarían muy bien. ¿Y para beber con la cena?

Laura: Agua mineral con gas. ¿Y tú, Carmen?

Carmen: Prefiero agua mineral sin gas.

Vicente: Para mí con gas. ¿Y de postre qué vamos a ordenar? En este restaurante se sirve un flan delicioso. ¡Hay que probarlo!

Laura: Muy buena idea, hace mucho tiempo que no como flan… pidamos flan.

Carmen: De acuerdo, también flan para mí.

Vicente: ¡Flan para todos! Bien, creo que estamos listos para ordenar. ¡Camarero, por favor!

II. ¿A quién le apetece? Make substitutions in the sentences you read using the cues you hear. Follow the model.

MODELO: You read and hear: **Nos encanta comer camarones.**
You repeat: *Nos encanta comer camarones.*
You hear: A ellos
You say: *A ellos les encanta comer camarones.*
You hear: A ellos les encanta comer camarones.

1. —A nosotros nos falta comprar el queso para la pizza.
***
—a ellos
***
—A ellos les falta comprar el queso para la pizza.
—a mí
***
—A mí me falta comprar el queso para la pizza.
—a él
***
—A él le falta comprar el queso para la pizza.
—a ti
***
—A ti te falta comprar el queso para la pizza.
—a usted
***
—A usted le falta comprar el queso para la pizza.

2. —A mí me toca pagar los ingredientes para la comida.
***
—a nosotros
***
—A nosotros nos toca pagar los ingredientes para la comida.
—a él
***
—A él le toca pagar los ingredientes para la comida.
—a ti
***
—A ti te toca pagar los ingredientes para la comida.
—a ellas
***
—A ellas les toca pagar los ingredientes para la comida.
—a ustedes
***
—A ustedes les toca pagar los ingredientes para la comida.

3. —A ellos les apetece comer un helado de vainilla.
***
—a nosotros
***
—A nosotros nos apetece comer un helado de vainilla.
—a mí
***
—A mí me apetece comer un helado de vainilla.
—a usted

***

—A usted le apetece comer un helado de vainilla.

—a ti

***

—A ti te apetece comer un helado de vainilla.

—a ella

***

—A ella le apetece comer un helado de vainilla

III. ¿Qué se hace aquí? You will hear ten statements. Express the same ideas by making impersonal statements using **se**. Follow the model.

MODELO: You hear: En este restaurante sirven buena comida.

                   You say: *En este restaurante se sirve buena comida.*

                   You hear: En este restaurante se sirve buena comida.

1. —En la escuela siempre sirven comida nutritiva.

    ***

    —En la escuela siempre se sirve comida nutritiva.

2. —Durante la misa, no hablan en la iglesia.

    ***

    —Durante la misa, no se habla en la iglesia.

3. —Antes de ordenar la cena, piden un aperitivo.

    ***

    —Antes de ordenar la cena, se pide un aperitivo.

4. —¿Toman el autobús para ir a la playa?

    ***

    —¿Se toma el autobús para ir a la playa?

5. —En Andalucía comen gazpacho.

    ***

    —En Andalucía se come gazpacho.

6. —¿Hablan español en Venezuela?

    ***

    —¿Se habla español en Venezuela?

7. —Para llegar al correo suben por la calle principal.

    ***

    —Para llegar al correo se sube por la calle principal.

8. —Hacen muy buena paella en Valencia.

    ***

    —Se hace muy buena paella en Valencia.

9. —El café que sirven en casa de Gustavo es delicioso.

    ***

    —El café que se sirve en casa de Gustavo es delicioso.

10. —El pescado que venden en Bilbao es de buena calidad.
   ***
   —El pescado que se vende en Bilbao es de buena calidad.

IV. **Poniendo la mesa** Marta and Eduardo are setting the table for dinner. You can see the result of their efforts in the drawings below. Listen to their discussion to determine which one of the drawings represents Marta's setting and which Eduardo's. Use **M** for Marta and **E** for Eduardo. You may want to draw the table settings as Marta and Eduardo describe what they are doing. Go ahead!

Poniendo la mesa

Marta: Hoy vienen muchos invitados a cenar...
Eduardo: Y nuestro trabajo hoy es poner la mesa. A ver... el plato se pone aquí, en el centro... y a la derecha, se pone el tenedor...
Marta: No, Eduardo, el tenedor se pone a la izquierda. Ponlo a la izquierda del plato.
Eduardo: Bien, ya está, lo puse a la izquierda. Ahora, tú pones el cuchillo.
Marta: El cuchillo se pone a la derecha... así... Muy bien, y ahora, las cucharas.
Eduardo: La cuchara para la sopa, voy a ponerla delante del plato.
Marta: Yo la pongo a la derecha, junto al cuchillo.
Eduardo: Nos faltan los platos hondos para la sopa. ¿Los ponemos también, verdad?
Marta: No, todavía, no. Creo que la sopa se sirve en la cocina y se trae así a la mesa.
Eduardo: Ah, ya comprendo, entonces, platos hondos, no. Vasos, sí, ¿verdad? A ver... ¿Dónde se pone el vaso?... Lo voy a poner aquí, a la izquierda.
Marta: Yo creo que el vaso se pone a la derecha. Voy a ponerlo a la derecha del plato.
Eduardo: Muy bien, y por último, la mantequilla, la sal y la pimienta ¡Listo!
Marta: ¡No olvides las servilletas!
Eduardo: Claro, la servilleta se pone a la derecha.
Marta: No, yo la pongo encima del plato, así queda muy bonita!

V. **El pollo al chilindrón** You would like to learn how to prepare **pollo al chilindrón** and ask a Spanish friend to send you a recipe. Your Spanish friend sends you a tape where a cook explains how to prepare this dish. As you listen, circle the ingredients that will be needed. Then, as the cook explains the step-by-step preparation, number the drawings to correspond with the correct order of the steps.

Pollo al chilindrón

El pollo al chilindrón es una receta española, original de la provincia de Aragón. Los ingredientes necesarios para preparar una deliciosa cena para cuatro personas son los siguientes:

2 pollos pequeños	200 gramos de jamón
1 cebolla mediana	4 pimientos verdes o rojos
6 tomates medianos	1 diente de ajo
1/2 taza de aceite	pimienta y sal

Now listen as the cook explains step-by-step how to prepare the dish. Number the drawings to correspond with the correct order.

1. —Los pollos se parten en 8 pedazos.
***
2. —Después se sazonan con sal y pimienta.

***

3. —Mientras tanto, se pican la cebolla, el jamón, los tomates y los pimientos.
***

4. —Luego, se fríe el pollo con el ajo, la cebolla y el jamón.
***

5. —Por último, se agregan los tomates y los pimientos.
***

6. —El pollo se deja a fuego lento durante una media hora.
***

7. —Cuando está listo, ¡se sirve el pollo muy caliente!

VI. Las especialidades españolas Every Spanish province has its own gastronomic specialties. Use the cues provided to discuss some of these specialties. Follow the model.

MODELO: You read: **paella / Valencia**
You hear: ¿De dónde es la paella?
You say: *¿La paella? Es una especialidad de Valencia.*
You hear: ¿De Valencia? Ah, es una especialidad valenciana.
You say: *Sí, es una especialidad valenciana.*

1. —¿De dónde es el gazpacho?
***

   —¿De Andalucía? Ah, es una especialidad andaluza.
***

2. —¿De dónde es la fabada?
***

   —¿De Asturias? Ah, es una especialidad asturiana.
***

3. —¿De dónde es el bacalao al pil-pil?
***

   —¿De Vizcaya? Ah, es una especialidad vasca.
***

4. —¿De dónde son los callos?
***

   —¿De Madrid? Ah, es una especialidad madrileña.
***

5. —¿De dónde son las magras con tomate?
***

   —¿De Aragón? Ah, es una especialidad aragonesa.
***

CAPITULO TRES

La comida de la América Latina

I. ¿Qué tal está? You are eating in a restaurant but you are not very satisfied with the quality of the food. When the waiter asks you if there is something wrong, you describe what is wrong, adding emphasis to the description (**un poco, muy, algo, bien**). For the items following the first model, ask the waiter to correct the problem. For the items following the second model, tell the waiter not to bring you another dish. Listen to the correct response to confirm your answer.

MODELO 1: You read: **sí / algo / sí / traer / más**
             You hear: ¿Está fría la sopa?
             You say: *Sí, está algo fría.*
             You hear: Está algo fría. ¿Le traigo una sopa más caliente?
             You say: *Sí, por favor, tráigame una sopa más caliente.*
             You hear: Sí, por favor, tráigame una sopa más caliente.

1. —¿Están salados los nachos?
   ***
   —Están un poco salados. ¿Le sirvo unos nachos menos salados?
   ***
   —Sí, por favor, sírvame unos nachos menos salados.

2. —¿Están picantes los tacos?
   ***
   —Están algo picantes. ¿Le preparo unos tacos bien picantes?
   ***
   —Sí, por favor, prepáreme unos tacos bien picantes.

3. —¿Están fríos los refrescos?
   ***
   —No están muy fríos. ¿Le traigo unos refrescos más fríos?
   ***
   —Sí, por favor, tráigame unos refrescos más fríos.

4. —¿Está pequeña la hamburguesa?
   ***
   —Está muy pequeña. ¿Le traigo una más grande?
   ***
   —Sí, por favor, tráigame una más grande.

5. —¿Está muy dulce el postre?
   ***
   —Está algo dulce. ¿Le traigo uno menos dulce?
   ***
   —Sí, por favor, tráigame uno menos dulce.

MODELO 2:   You read: **sí / algo / no / traer / otra**
You hear: ¿Está fría la sopa?
You say: *Sí, está algo fría.*
You hear: Está algo fría. ¿Le traigo una sopa caliente?
You say: *No, por favor, no me traiga otra sopa.*
You hear: No, por favor, no me traiga otra sopa.

6. —¿Están salados los nachos?
   ***
   —Están un poco salados. ¿Le sirvo unos nachos menos salados?
   ***
   —No, por favor, no me sirva otros nachos.

7. —¿Están picantes los tacos?
   ***
   —Están algo picantes. ¿Le preparo unos tacos menos picantes?
   ***
   —No, por favor, no me prepare otros tacos.

8. —¿Están fríos los refrescos?
   ***
   —No están muy fríos. ¿Le traigo unos refrescos más fríos?
   ***
   —No, por favor, no me traiga otros refrescos.

9. —¿Está pequeña la hamburguesa?
   ***
   —Está muy pequeña. ¿Le traigo una más grande?
   ***
   —No, por favor, no me traiga otra hamburguesa.

10.—¿Está muy dulce el postre?
   ***
   —Está algo dulce. ¿Le traigo uno menos dulce?
   ***
   —No, por favor, no me traiga otro postre.

II. **¡Nadie va a hacer nada!** None of your friends wants to do anything that is suggested. Answer the questions making all the necessary changes. Follow the models.

MODELO 1:   You hear: ¿Alguien quiere ir al cine?
You say: *No, nadie quiere ir al cine.*
You hear: Nadie quiere ir. ¿Y Bernardo tampoco?
You say: *No, Bernardo tampoco.*

1. —¿Alguien quiere pedir chile con carne?
   ***
   —Nadie lo quiere pedir. ¿Y Gloria tampoco?
   ***

2. —¿Alguien va a preparar el chocolate?
   ***
   —Nadie lo va a preparar. ¿Y los chicos tampoco?
   ***

3. —¿Alguien quiere comer frijoles calientes?
   ***

   —Nadie quiere comer frijoles. ¿Y Rosa tampoco?
   ***

4. —¿Alguien va a servir la cena esta noche?
   ***

   —Nadie la va a servir. ¿Y Fernando tampoco?
   ***

5. —¿Alguien va a comprar los ingredientes para los burritos?
   ***

   —Nadie los va a comprar. ¿Y tampoco Oscar?
   ***

MODELO 2:   You hear: ¿Algún estudiante quiere ir al cine?
            You say: *Ningún estudiante quiere ir al cine.*
            You hear: Ningún estudiante quiere ir. ¿Y Mario tampoco?
            You say: *No, Mario tampoco.*

6. —¿Algún estudiante va a comer calamares españoles?
   ***

   —Ningún estudiante va a comer. ¿Y Pedro tampoco?
   ***

7. —¿Ninguna chica va a preparar el gazpacho?
   ***

   —Ninguna chica lo va a preparar. ¿Y Beatriz tampoco?
   ***

8. —¿Ningún profesor va a leer el libro de historia hoy?
   ***

   —Ningún profesor lo va a leer. ¿Y Viviana tampoco?
   ***

9. —¿Ninguna señora va a visitar a Felipe?
   ***

   —Ninguna señora va a visitarlo. ¿Y tampoco Doña Clara?
   ***

10. —¿Ningún médico va a escribir las recetas?
    ***

    —Ningún médico las va a escribir. ¿Y el Doctor Pérez tampoco?
    ***

III. **¿Alguien sabe algo?** You and your friends need help preparing a dinner for some Brazilian students visiting your school. Your classmates ask you if someone knows what is needed. Unfortunately, no one seems to know anything! Follow the model.

MODELO: You hear: ¿Algún estudiante sabe algo de comida tex-mex?
You say: *No, ninguno sabe nada de comida tex-mex.*
You hear: Ninguno sabe nada de comida tex-mex. ¿Y Alberto o Nico?
You say: *No, ni Alberto ni Nico tampoco.*
You hear: ¡Ni Alberto ni Nico, qué lástima, nadie sabe nada de nada!

1. —¿Alguna chica sabe algo de portugués?
   ***
   —Ninguna sabe nada de portugués. ¿Y Olga o Luisa?
   ***
   —¡Ni Olga ni Luisa, qué lástima, nadie sabe nada de nada!

2. —¿Algún invitado sabe algo de ensaladas?
   ***
   —Ninguno sabe nada de ensaladas. ¿Y Jaime o Isabel?
   ***
   —¡Ni Jaime ni Isabel, qué lástima, nadie sabe nada de nada!

3. —¿Algún estudiante sabe algo de salsas picantes?
   ***
   —Ninguno sabe nada de salsas picantes. ¿Y Laurita o Silvia?
   ***
   —¡Ni Laurita ni Silvia, qué lástima, nadie sabe nada de nada!

4. —¿Alguna profesora sabe algo de música para bailar?
   ***
   —Ninguna sabe nada de música para bailar. ¿Y la señora Díaz o la señora Urrutia?
   ***
   —¡Ni la señora Díaz ni la señora Urrutia, qué lástima, nadie sabe nada de nada!

5. —¿Algún amigo sabe algo de preparación de fiestas?
   ***
   —Ninguno sabe nada de preparación de fiestas. ¿Y Carlos o José?
   ***
   —¡Ni Carlos ni José, qué lástima, nadie sabe nada de nada!

IV. **Ni nadie ni nada** Answer the questions using a double negative construction. You will then hear the correct answer. Follow the model.

MODELO: You hear: ¿Vas a hacer algo interesante esta noche?
You say: *No, no voy a hacer nada interesante esta noche.*
You hear: No, no voy a hacer nada interesante esta noche.

1. —¿Va a venir alguien a cenar hoy?
   ***
   —No, no va a venir nadie a cenar.

2. —¿Tienes algo que enviar en el correo de la tarde?
   ***
   —No, no tengo nada que enviar.

3. —¿Quieres algo bien frío para la sed?
   ***
   —No, no quiero nada para la sed.

4. —¿Traes algo para los niños?
   **

   —No, no traigo nada para los niños.

5. —¿Vas a preparar algo rico para cenar?
   ***

   —No, no voy a preparar nada rico para cenar.

6. —¿Estás estudiando algo muy difícil en la escuela?
   ***

   —No, no estoy estudiando nada difícil en la escuela.

7. —¿Quieres decirme algo importante?
   ***

   —No, no quiero decirte nada importante.

8. —¿Hay algo interesante en el libro que estás leyendo?
   ***

   —No, no hay nada interesante en el libro que estoy leyendo.

V. El seviche de Marielita Marielita is a very good cook whose hobby is preparing ethnic foods. She has invited a friend to try her new recipe, which is prepared with raw fish or shrimp. After you listen, read the statements and circle **C** (**cierto**) if the statement is true or **F** (**falso**) if the statement is false according to what you hear.

Visitando a Marielita

Julia:	¿Qué vas a servir hoy?
Marielita:	El plato de hoy es un delicioso seviche de camarones.
Julia:	¿Qué es el seviche, Marielita?
Marielita:	Es un rico plato de pescado o de mariscos que se prepara en el Perú, en el Ecuador y en otros países de Suramérica.
Julia:	Ah, claro, ya recuerdo, yo lo probé cuando estuve en Lima el año pasado. Me gustó muchísimo. Es un plato que se come frío, ¿verdad?
Marielita:	Sí, se come bien frío. Se prepara con ingredientes muy frescos.
Julia:	¡Por supuesto, todos los platos se preparan con ingredientes frescos!
Marielita:	Sí, sí,... quiero decir que el seviche se prepara con pescado o con mariscos crudos.
Julia:	¿Cómo? ¿Ni el pescado ni los mariscos se hierven ni se sofríen?
Marielita:	¡Exactamente! Primero, se lavan muy bien los camarones. Después se les echa mucho limón o, si quieres, también naranja.
Julia:	Pues debe ser muy sabroso el seviche con naranja. El seviche que yo probé, en el Perú, tenía solamente limón... ¿Y qué se hace después, Marielita?
Marielita:	Los camarones con el limón se ponen en el refrigerador por varias horas. Después se sacan y se les pone pimienta, sal,...
Julia:	Yo recuerdo que la comida del Perú es muy picante. ¿Le ponen chile al seviche?
Marielita:	A veces le ponen mucho ají. Ají es el nombre que le dan al chile en el Perú.
Julia:	¿Cómo se escribe ají?
Marielita:	Se escribe así, escucha: a – jota – i con acento.
Julia:	Ah, no se escribe con ge.
Marielita:	No, con ge no. Está bien, está bien, no más conversación, ahora vamos a probar este rico plato. ¡Buen provecho!
Julia:	¡Buen provecho!

VI. ¿Cómo se siente? Listen to the descriptions of six situations. Respond to each one by selecting one of the adjectives and telling how the person or persons involved were feeling at that time. Make all the necessary changes.

MODELO: You read: **nervioso**
 furioso
 contento

You hear: Diana tuvo un examen muy difícil hoy.
 ¿Cómo crees tú que se sentía?

You say: *Yo creo que Diana se sentía nerviosa.*

You hear: ¡Pobrecita! Se sentía nerviosa.

1. —Mauro trabajó hasta muy tarde anoche, casi no durmió. ¿Cómo crees tú que se sentía?
 ***
 —¡Pobre Mauro! Se sentía cansado.

2. —Cecilia no se veía muy bien en la escuela. Parece que fue a ver al médico. ¿Cómo crees tú que se sentía?
 ***
 —Sí, se sentía mal. Tenía dolor de garganta.

3. —Cuando Belinda salió a jugar, llovía muchísimo. Cuando regresó a casa su mamá tuvo que lavar toda la ropa. ¿Cómo crees tú que estaba la ropa de Belinda?
 ***
 —¡La ropa estaba sucia, muy sucia!

4. —Luis invitó a Vicente a una fiesta muy buena, con mucha música y platos deliciosos. ¿Cómo se puso Vicente?
 ***
 —¡Vicente se puso muy contento, claro!

5. —Los abuelitos de Rosa estuvieron de visita durante las vacaciones. Cuando se fueron, toda la familia los acompañó al aeropuerto. ¿Cómo crees que se sentían ellos?
 ***
 —¡Se sentían muy tristes, por supuesto!

6. —Mónica y Celeste no pudieron ver la película porque había demasiada gente y no había entradas. ¿Cómo crees que estaba la sala de cine?
 ***
 —¡Llena de gente, creo yo!

Aquí llegamos

I. Dictado Listen to the description of Eduardo's favorite restaurant and write what you hear. The entire description will be read once, then each sentence will be read twice with time for you to write.

Mi restaurante favorito

Mi restaurante favorito es muy pequeño y casi no se ve desde la calle, pero sirven la mejor comida de Madrid. El dueño del restaurante, don Ramón, es especialista en los platos típicos de las provincias españolas. Uno de los platos que más me gusta es el pollo al chilindrón. En verano, cuando hace mucho calor en Madrid, don Ramón sirve un gazpacho delicioso. Siempre lo prepara con ingredientes frescos y lo sirve bien frío.

II. ¿Dónde están comiendo? Listen to the four conversations. Match each conversation to the restaurant in which it takes place by putting the number of the conversation next to the ad of the restaurant.

1. —Me gusta mucho venir a cenar a este restaurante.
   —Sí, es magnífico. Además, los precios no son muy altos y siempre puedo pedir buena comida.
   —Y la calidad es muy buena, ¿no es verdad?
   —Claro, la especialidad de este restaurante son los mariscos. Los traen de las costas del país.
   —Entonces siempre usan ingredientes de primera calidad. Bien... y... ¿Qué vamos a ordenar?
   —¿Has probado los platos de camarones?
   —No, quisiera unas gambas al ajillo. ¿Las recomiendas?
   —Mejor te recomiendo los camarones en salsa de tomate. Es una receta parecida a un plato de pescado de Bilbao.
   —Muy bien. Entonces, voy a pedir camarones en salsa de tomate. ¿Qué vas a pedir tú?
   —Yo voy a pedir lo mismo.

2. —¡Tú me invitaste a este restaurante y yo no sé qué comida se sirve aquí!
   —Aquí se sirve comida suramericana. Hay platos de muchos países.
   —Pues yo quisiera probar algo bien sabroso, algo muy especial.
   —¿Te gusta la comida picante?
   —No, no mucho. Quisiera comida sin chiles.
   —¿Te gusta la comida salada?
   —No, no mucho... tampoco me gusta el pescado... ni quiero carne...
   —Ah, entonces te recomiendo un plato muy especial.
   —¡Descríbeme el plato, por favor!
   —Es un plato que no tiene ni sal ni salsa picante ni carne ni pescado, y es muy dulce.
   —¿Las cosas dulces son la especialidad de este restaurante?
   —¡Exactamente, lo adivinaste, vamos a comer cosas dulces!

3. —¡Tengo tanta hambre que me comería un toro!
   —Yo también, estoy que me muero de hambre. ¡Pidamos la cena de inmediato!
   —Yo quisiera pedir un bistec o algo así.
   —Pues yo voy a pedir unas chuletas bien calientes con mucha salsa picante, con vegetales y con una ensalada de tomate.
   —Bien, entonces vamos a pedir la cena. De postre, quisiera un producto típico de esta región. ¿Qué me recomiendas?
   —Te recomiendo probar el queso que se hace en esta región. El queso se hace de leche de oveja.
   —¿Leche de oveja? ¿Quieres decir del animalito que nos da la lana?
   —¡Sí, sí, del animalito que nos da la lana! Es un queso muy famoso.
   —Ah, claro, claro, estás hablando del queso manchego. ¡Pídelo, por favor! Voy a comer queso manchego de postre.
   —Lo voy a pedir. ¡Camarero!

4. —Hoy trabajamos muchísimo, ¿verdad?
   —Sí, trabajamos muchísimo y comimos muchísimo también. Yo me tomé una buena cantidad de tazas de café y muchísimas galletitas.
   —También yo, en realidad, no tengo mucha hambre. No quisiera comer demasiado. Quisiera una comida sencilla y muy rápida.
   —Aquí sirven comida tex-mex muy buena. Podemos pedir chile con carne, por ejemplo.
   —No, es mucha comida, yo quisiera algo más sencillo.
   —Podemos pedir guacamole con tortillas de maíz mexicanas. Claro, algo así quisiera yo.
   —Muy bien, entonces voy a pedirle al camarero una porción de nachos con salsas picantes y queso.
   —¡Me parece delicioso!

III. **El guardarropa de Julia** Listen to the description of Julia's wardrobe. As you listen to the description, look at the drawings of clothing items and check which items Julia has.

El guardarropa

La ropa que tengo la compré cuando estaba trabajando en una tienda que se llama La Ropa de Moda. A los empleados nos daban la oportunidad de comprar la ropa a mitad de precio. Yo compré muchas cosas. Por ejemplo, compré unas medias que necesitaba y unos zapatos de tacón muy bonitos. Además, cuando iba por el centro, vi que una tienda tenía unos pañuelos de moda muy bonitos. Pero no compré pañuelos porque no tenía dinero y eran muy caros. Compré una blusa de algodón verde y una falda que hace juego. No compré nada más, pero voy a trabajar mucho para ganar dinero y comprar todas las cosas que me hacen falta.

IV. **¿Qué artículo compraron?** You will hear four conversations. Listen carefully to each conversation. Then decide which of the two drawings best represents the subject of the conversation and put a check mark where indicated.

1. —Buenos días, señor. ¿Necesita algo?
   —Sí, necesito unos zapatos bien bonitos.
   —¿Qué talla usa usted?
   —No sé, no conozco bien las tallas de este país, pero creo que es... ah, sí, talla 45.

—A veces es difícil encontrar zapatos tan grandes. ¿De qué color?

—Deben ser negros.

—Aquí tiene los zapatos, señor. ¡Pruébeselos!

—Sí, gracias, voy a probármelos.

—¿Le quedan bien?

—Perfectamente. ¡Me los llevo!

2. —¿Me acompañas a comprar ropa?

—¿Qué vas a comprar?

—Primero quisiera comprarle corbatas y calcetines a Lorenzo. Además, Mario necesita unos pantalones elegantes... no sé a cuál tienda vamos a ir.

—Yo tengo que comprar jabón, perfume y algunas cremas especiales.

—Entonces no podemos ir a una tienda pequeña porque allí no tienen de todo. Yo también necesito comprar ropa para el bebé y unos regalos para mis sobrinos.

—Entonces, vamos a una tienda grande. Allí hay de todo.

—¡De acuerdo!

3. —Ya empezó a hacer frío. Creo que no falta mucho para el invierno.

—Tienes razón, y yo no tengo suéter. El que tenía el año pasado ya no me queda bien. ¿Tú me prestas uno?

—¿Prestarte un suéter? No, no puedo prestarte el suéter porque solamente tengo uno y lo necesito yo.

—Sí, es verdad, los dos usamos la misma talla 54, pero tú no necesitas el suéter porque te vas de vacaciones para el Caribe.

—Sí, me voy de vacaciones, pero mi suéter es nuevo, de lunares y muy bonito. Quiero usarlo para salir con mis amigas después de regresar de las vacaciones.

—Entonces ¿tengo que comprarme uno yo?

—¡Sí, tienes que comprártelo!

4. —¡Qué vestidos tan hermosos!

—¡Maravillosos!, pero mira el precio, aquí se vende ropa muy cara.

—Cara, pero también muy bonita. Mira ese vestido de 6.000 pesetas. ¡Qué bonito!

—Ah, sí, pero yo prefiero el otro vestido, aquel vestido verde. Uy, pero mírale el precio, vale más de 20.000 pesetas, ¡no es posible!

—De acuerdo, es imposible, compremos el otro más barato.

¡Vamos de viaje!

CAPÍTULO CUATRO

Vamos a hacer un viaje

I. Las próximas vacaciones Indicate what people will be doing for vacation by putting the sentences you hear in the future tense. Then listen for the correct answer.

MODELO: You hear: Juan llama a Gerardo y habla con él.
You say: *Juan llamará a Gerardo y hablará con él.*
You hear: Juan llamará a Gerardo y hablará con él.

1. —Juan y Gerardo se van para Granada.
   ***
   —Juan y Gerardo se irán para Granada.

2. —Isabel espera el tren en la estación.
   ***
   —Isabel esperará el tren en la estación.

3. —Luis y Héctor se encuentran con sus amigos.
   ***
   —Luis y Héctor se encontrarán con sus amigos.

4. —Nosotros nos vamos mañana para Portugal.
   ***
   —Nosotros nos iremos mañana para Portugal.

5. —Mis primos pasan las vacaciones en Málaga.
   ***
   —Mis primos pasarán las vacaciones en Málaga.

6. —Yo me quedo en la ciudad este verano.
   ***
   —Yo me quedaré en la ciudad este verano.

7. —Las chicas cenan primero y luego miran la televisión.
   ***
   —Las chicas cenarán primero y luego mirarán la televisión.

8. —Cecilia se levanta temprano y después desayuna.

***

—Cecilia se levantará temprano y después desayunará.

II. **¿Podremos?** Repeat the sentence you hear, then substitute each subject pronoun given and make the necessary changes in the sentence. You will be working with the future forms of **poner, salir, tener,** and **venir.**

MODELO: You hear: Elisa pondrá las cartas en el correo.
You say: *Elisa pondrá las cartas en el correo.*
You hear: yo
You say: *Yo pondré las cartas en el correo.*
You hear: Yo pondré las cartas en el correo.

1. —Julio no se pondrá el abrigo.

***

—tú

***

—Tú no te pondrás el abrigo.

—yo

***

—Yo no me pondré el abrigo.

—los niños

***

—Los niños no se pondrán el abrigo.

—nosotros

***

—Nosotros no nos pondremos el abrigo.

—usted

***

—Usted no se pondrá el abrigo.

2. —El tren saldrá tarde esta noche.

***

—tú

***

—Tú saldrás tarde esta noche.

—yo

***

—Yo saldré tarde esta noche.

—usted

***

—Usted saldrá tarde esta noche.

—nosotros

***

—Nosotros saldremos tarde esta noche.

—las chicas

***

—Las chicas saldrán tarde esta noche.

3. —Nosotros tendremos que ir en tren a Sevilla.

***

—yo

***

—Yo tendré que ir en tren a Sevilla.
—ustedes
***
—Ustedes tendrán que ir en tren a Sevilla.
—tú
***
—Tú tendrás que ir en tren a Sevilla.
—los estudiantes
***
—Los estudiantes tendrán que ir en tren a Sevilla.
—Nicolás
***
—Nicolás tendrá que ir en tren a Sevilla.

4. —Nadie vendrá a cenar.
***
—un invitado
***
—Un invitado vendrá a cenar.
—yo
***
—Yo vendré a cenar.
—nosotros
***
—Nosotros vendremos a cenar.
—mi sobrina
***
—Mi sobrina vendrá a cenar.
—tú
***
—Tú vendrás a cenar.

III. **Conversación telefónica** You call your friend Teresa, who is visiting Madrid, to invite her to the Museum of Modern Arts. As you listen to the person on the other end of the telephone, select the response from the cues provided that would best carry on the conversation. Then write the appropriate letter in the blank and listen to the response to confirm your answer.

1. —Dígame.
   ***
   —Buenas tardes. ¿Ése es el 529 02 34?

2. —Sí, sí, es correcto. ¿Con quién desea hablar?
   ***
   —¿Podría hablar con Teresa, por favor?

3. —¿De parte de quién?
   ***
   —Dígale que es un(a) amigo(a).

4. —No cuelgue, voy a buscarla.
   ***
   —¡Aló! ¿Teresa?

5. —Sí, diga... ¿Quién habla? ¡Ah, eres tú! ¿Qué tal?
   ***
   —¿Qué tal? Te llamo para invitarte al Museo de Artes Modernas.

6. —Me encantaría ir al museo. ¿Cuándo?
   ***
   —El domingo. ¿Quieres ir?

7. —Lo siento, pero el domingo no puedo. ¿Qué tal si vamos el sábado?
   ***
   —Es una lástima, pero no puedo ir el sábado.

8. —¿Cuándo estarás libre?
   ***
   —El lunes por la tarde. ¿Estarás libre el lunes?

9. —¡Cómo no! ¡Estupendo! Ese día estoy libre.
   ***
   —Muy bien, entonces voy por ti a las 6.

10. —Muchas gracias, te espero a las 6.
    ***
    —Hasta luego, nos veremos el lunes.

IV. **Las estaciones de Madrid** You and several friends have been visiting Madrid and are now planning to leave. Use the cues provided to give details about your and your friends' departures.

MODELO: You read: **Valencia / 13:45 / Atocha**
          You hear: ¿Para dónde va ella?
          You say: *Va para Valencia.*
          You hear: Para Valencia. ¿A qué hora sale?
          You say: *Su tren sale a las 13:45.*
          You hear: ¿A las 13:45? ¿De qué estación sale?
          You say: *Sale de Atocha.*

1. —¿Para dónde va él?
   ***
   —Para Bilbao. ¿A qué hora sale?
   ***
   —¿A las 20:35? ¿De qué estación sale?
   ***

2. —¿Para dónde van ustedes?
   ***
   —Para Salamanca. ¿A qué hora salen?
   ***
   —¿A las 17:10? ¿De qué estación salen?
   ***

3. —¿Para dónde va ella?
   ***
   —Para Toledo. ¿A qué hora sales?

***

—¿A las 9:55? ¿De qué estación sales?

***

4. —¿Para dónde vas?

***

—Para Barcelona. ¿A qué hora sales?

***

—¿A las 16:54? ¿De qué estación sales?

***

5. —¿Para dónde va él?

***

—Para Burgos. ¿A qué hora sale?

***

—¿A las 13:27? ¿De qué estación sale?

***

6. —¿Para dónde va ella?

***

—Para Andalucía. ¿A qué hora sale?

***

—¿A las 15:20? ¿De qué estación salc?

***

V. **¡Hagamos planes!** You and a friend are planning a trip. Use the expression **¿Qué tal si...?** and the first city name to suggest a place to go. When your friend suggests a different place, propose an alternative location by using the second city name and one of these expressions: **¿Qué tal si...? ¿Por qué no...? Tengo una idea...**

MODELO: You read: **Cuenca / Santander**
You say: *Qué tal si vamos a Cuenca?*
You hear: ¿Por qué no a Barcelona?
You say: *Tengo una idea. Vamos a Santander.*
You hear: Está bien, de acuerdo.

1. ***

—¿Por qué no a Torrealba?

***

—Está bien, de acuerdo.

2. ***

—¿Por qué no a Jaén?

***

—De acuerdo, me parece bien.

3. ***

—¿Por qué no a Zaragoza?

***

—Buena idea, de acuerdo.

VI. **¿Quién será?** Someone is asking you questions. You aren't sure of the answers and you speculate about the the situation in question. Use the cues provided and follow the model.

MODELO: You read: **en la biblioteca**
                You hear: ¿Dónde está la profesora hoy?
                You say: *Estará en la biblioteca.*
                You hear: Probablemente estará allí.

1. —¿Cuánto cuesta el sofá verde?
   ***
   —Tienes razón, costará muchísimo.

2. —¿Quién es la persona que está hablando con Jaime?
   ***
   —Sí, será su hermana.

3. —¿Cuántos años tiene el hijo de Pedro?
   ***
   —Tienes razón, tendrá diez años.

4. —¿A qué hora llega el tren de Huelva?
   ***
   —Eso creo, llegará a las ocho y media.

5. —¿Tú sabes quiénes van al cine hoy?
   ***
   —Irán dos o tres amigos.

CAPÍTULO CINCO

Iremos en tren

I. **Viaje de ida y vuelta** Listen to this conversation between Bernardo and Gloria, who are planning a trip and are considering different alternatives. They are from Córdoba, Andalucía, and they would like to travel by train through Spain. You will hear the conversation twice.

As you listen the first time, write down all the prepositions that you hear.

As you listen the second time, trace the travel routes that Bernardo and Gloria are discussing. Before you begin, locate Córdoba on the map.

Viaje de ida y vuelta

Bernardo: Yo quisiera pasar las vacaciones en algún lugar del norte, por ejemplo, cerca de Santiago.

Gloria: Me parece buena idea, pero me gustaría también visitar la región de Valencia, me gusta mucho el clima.

Bernardo: ¡Pero tendremos que viajar por toda España! Valencia queda muy lejos de La Coruña.

Gloria: Tengo una idea. ¿Por qué no vamos a Madrid? Desde Madrid podremos ir a cualquier parte, pues todas las rutas de carreteras y de ferrocarriles van hacia allí.

Bernardo: En realidad no llegan a Madrid, salen de Madrid.

Gloria: No importa, es igual, todas las rutas salen de Madrid, llegan hasta Madrid o o pasan por allí, ¿verdad?

Bernardo: Tienes razón. Podemos ir a casa de los Soriano, mis primos, y desde Madrid, viajaremos en tren a varios lugares que quedan cerca. Pero no podremos ir hasta Valencia y luego hasta La Coruña, ¿no crees?

Gloria: No, es un viaje muy largo. Pasaremos unos días en Cuenca y luego regresamos a Madrid.

Bernardo: Exactamente, y después de Madrid, podremos ir a Toledo.

Gloria: Me parece bien, pero antes de regresar a Córdoba, quisiera pasar unos pocos días en Manzanares. ¿Crees que es posible?

Bernardo: Por supuesto, todo es posible. Hoy haremos un plan de viaje detallado y mañana iremos a las oficinas del ferrocarril y reservaremos las plazas.

II. **¡Reservemos los billetes!** You are buying train tickets. Use the cues provided to help you make your purchase.

MODELO: You read: **3 / Barcelona / 2ª / no fumar / 23:25**
You say: *Quisiera reservar 3 plazas para Barcelona.*
You hear: Sí, cómo no. ¿En primera o en segunda clase?
You say: *En segunda, por favor.*
You hear: ¿En la sección de fumar o de no fumar?

You say: *En no fumar.*
You hear: De no fumar. ¿En qué tren desea los billetes?
You say: *En el tren de las 23:25.*
You hear: Muy bien, quedan listas las reservaciones de 3 billetes para Barcelona en el tren de las 23:25.
You say: *Muchas gracias.*

1. ***
—Sí, cómo no. ¿En primera o en segunda clase?
***

—¿En la sección de fumar o de no fumar?
***

—De no fumar. ¿En qué tren desea el billete?
***

—Muy bien, queda lista la reservación de 1 billete para Segovia en el tren de las 8:25.
***

2. ***
—Sí, cómo no. ¿En primera o en segunda clase?
***

—¿En la sección de fumar o de no fumar?
***

—De no fumar. ¿En qué tren desea los billetes?
***

—Muy bien, quedan listas las reservaciones de 4 billetes para Castellón en el tren de las 13:45.
***

3. ***
—Sí, cómo no. ¿En primera o en segunda clase?
***

—¿En la sección de fumar o de no fumar?
***

—De no fumar. ¿En qué tren desea los billetes?
***

—Muy bien, quedan listas las reservaciones de 2 billetes para Pamplona en el tren de las 6:10.
***

4. ***
—Sí, cómo no. ¿En primera o en segunda clase?
***

—¿En la sección de fumar o de no fumar?
***

—De fumar. ¿En qué tren desea los billetes?
***

—Muy bien, quedan listas las reservaciones de 3 billetes para Zamora en el tren de las 21:55.
***

III. Compremos los billetes Listen to the conversation between the ticket seller and some passengers. Complete the following sentences based on what you hear.

1. —Quisiera dos billetes para Cuenca, el 15 de enero.
   ***
   —¿Ida y vuelta o ida solamente?
   ***
   —Ida y vuelta.
   ***
   —¿Y la vuelta para cuándo?
   ***
   —La vuelta para el 3 de febrero.
   ***
   —¿Plazas de primera o de segunda?
   ***
   —De primera.
   ***
   —Muy bien. Aquí tiene sus billetes de ida y vuelta para Cuenca, en primera clase y regresando el 3 de febrero.
   ***
   —Muchas gracias.
   ***
   —Con mucho gusto.

2. —Quisiera 3 billetes para Salamanca, el 20 de febrero.
   ***
   —¿Ida y vuelta o ida solamente?
   ***
   —De ida nada más.
   ***
   —¿Plazas de primera o de segunda?
   ***
   —De segunda.
   ***
   —Muy bien. Aquí tiene sus billetes de ida solamente para Salamanca, en segunda clase.
   ***
   —Muchas gracias, es usted muy amable.

3. —Necesito dos billetes para Bilbao, por favor.
   ***
   —¿De ida y vuelta o solamente de ida?
   ***
   —De ida y vuelta, por favor.
   ***
   —¿Y cuándo desea regresar?
   ***
   —Quisiera regresar el 15 de mayo.
   ***
   —¿Quiere usted plazas de primera o de segunda?
   ***
   —Plazas de segunda, por favor.
   ***
   —Con mucho gusto. Aquí están sus billetes de ida y vuelta para Bilbao con el 15 de mayo como fecha de regreso.

```
                ***
           —Muchas gracias.
                ***
           —De nada, con mucho gusto, feliz viaje.
```

4. —Por favor, necesito un billete para Logroño, de ida y vuelta.
```
                ***
```
   —¿Saliendo en qué fecha?
```
                ***
```
   —Saliendo el 12 de abril y regresando el 7 de mayo.
```
                ***
```
   —Muy bien, regresando el 7 de mayo. Y qué desea, ¿plaza de primera o de
   segunda?
```
                ***
```
   —De primera, por favor.
```
                ***
```
   —Ah, lo siento, pero no nos quedan plazas de primera, tendrá que ser de
   segunda.
```
                ***
```
   —De acuerdo, de segunda.
```
                ***
```
   —Muy bien. Tome usted su billete de ida y vuelta para Logroño, con salida el 12 de
   abril y regresando el 7 de mayo, en plaza de segunda.
```
                ***
```
   —Muchísimas gracias.
```
                ***
```
   —De nada, con mucho gusto.

IV. **En la ventanilla** You overhear two different conversations while waiting in line at the
   train station. Fill in the information requested based on what you hear. You may want
   to look over the questions before listening.

1. —Buenos días. Quisiera 4 billetes de ida y vuelta, por favor.
   —¿Adónde quiere ir y para cuándo los desea?
   —Quisiera viajar a Soria, para este fin de semana, si es posible.
   —A ver... a ver... para el fin de semana... es decir, desde el viernes 10 de agosto.
   —Sí, exactamente.
   —Hay un tren a las 7:50.
   —A esa hora está muy bien.
   —¿Y regresa el domingo 12?
   —Sí, regresaré el 12. ¿A qué hora hay tren?
   —A las 9:25. ¿Le conviene?
   —Sí, a esa hora está bien.
   —De acuerdo, el 12 de agosto a las 9:25.
   —Perfectamente.
   —Bien, aquí tiene los billetes. ... ¿Con reservación?
   —Sí, por favor, con reservación.
   —Aquí los tiene, cuatro billetes con reservación, saliendo el 10 de agosto a las 7:50 y
   regresando el 12 a las 9:25.

2. —Buenas tardes. Pienso tomar quince días de vacaciones con mi familia y quisiera
   una buena oferta para viajar a Cartagena.
   —Perdón. ¿Adónde dice que quiere viajar?

—A Cartagena, con mi familia... por quince días... 5 billetes.

—Bien, serían entonces 5 billetes de ida y vuelta.

—Sí, por favor. ¿Qué ofertas tiene?

—Usted puede comprar una Tarjeta Familiar, así puede obtener un descuento del 50%.

—¿Todos los niños pagan?

—No, los menores de 4 años no pagan.

—Entonces son solamente 4 billetes... con descuento, ¿eh?

—¡Por supuesto! Jmm... Hay un tren el viernes 8 de julio. ¿Le parece bien?

—Me conviene más el sábado, usted sabe, con tres niños...

—Pues... el sábado sale el tren a las 10 de la mañana.

—El sábado 9 a las 10 de la mañana está muy bien.

—Y regresarán... déjeme ver... el 23 de julio.

—Sí, perfectamente.

—Ese día hay un tren por la tarde a las 4:25. ¿Qué le parece?

—Está muy bien. ¿Sería posible hacer las reservaciones de inmediato?

—Por supuesto, cómo no. A ver, cuatro billetes de ida y vuelta para Cartagena, saliendo el 9 de julio a las 10 de la mañana y regresando el 23 a las 16:25. Bien, ya está lista la reservación.

—Muchas gracias.

—¡Feliz viaje!

V. **¿Para mí o para ti?** Someone asks you whether you are the owner of several articles and whether phone calls and mail that have been received are for you. Answer the questions using the cues provided. Follow the model.

MODELO: You read: **no / mí / Catalina**
               You hear: ¿La llamada era para ti?
               You say: *No, la llamada no era para mí.*
               You hear: ¿Si no era para ti, para quién era entonces?
               You say: *Era para Catalina.*

1. —¿Los billetes que compró Lucía eran para Carlos?
   ***

   —Si no eran para Carlos, ¿para quién eran entonces?
   ***

2. —¿Las cartas que llegaron eran para Gabriela?
   ***

   —Si no eran para Gabriela, ¿para quién eran entonces?
   ***

3. —¿Estos libros que están encima de la mesa son para ti?
   ***

   —Ah, los libros que están encima de la mesa son para ti.
   ***

4. —¿Orlando reservó el departamento de literas para su hija?
   ***

   —Si no lo reservó para su hija, ¿para quién lo reservó entonces?
   ***

5. —¿Los billetes de tren los compraron ellos para sus invitados?
   ***

   —Si no los compraron para sus invitados, ¿para quién los compraron entonces?
   ***

VI. **¿De dónde sale el tren?** You work at the information booth at the **Norte** train station in Madrid, where you give information about train schedules and traffic in general. Answer the questions that people ask you, using the cues provided. Follow the model.

MODELO: You read: **4:10 / no / a tiempo / andén B / de este lado**
You hear: ¿A qué hora sale el tren para Sevilla?
You say: *Sale a las 4:10.*
You hear: A las 4:10. ¿El tren está retrasado?
You say: *No, el tren está a tiempo.*
You hear: ¡Qué bien, está a tiempo! ¿De qué andén sale?
You say: *Del andén B.*
You hear: ¿Dónde queda el andén B?
You say: *Queda de este lado.*
You hear: De este lado. Muchas gracias.
You say: *De nada.*

1. —¿A qué hora sale el tren para Sevilla?
   ***

   —A las 6:50. ¿El tren está retrasado?
   ***

   —¡Está retrasado, qué inconveniente! ¿De qué andén sale?
   ***

   —¿Dónde queda el andén A?
   ***

   —Queda del otro lado. Bien, muchas gracias.
   ***

2. —¿A qué hora sale el tren para Barcelona?
   ***

   —A las 23:30. ¿El tren está retrasado?
   ***

   —¡Qué bien; está a tiempo! ¿De qué andén sale?
   ***

   —¿Dónde queda el andén C?
   ***

   —Queda de este lado. Muchas gracias.
   ***

3. —¿A qué hora sale el tren para Salamanca?
   ***

   —A las 10:00. ¿El tren está retrasado?
   ***

   —¡Está retrasado, qué problema! ¿De qué andén sale?
   ***

   —¿Dónde queda el andén B?
   ***

   —Queda de este lado. Muchas gracias.
   ***

CAPITULO SEIS

¿En coche, en autobús o por avión?

I. **¿Cómo te ha ido en Cholula?** You are spending a week in Cholula. Unfortunately, you got the flu and three days after you arrived, you haven't seen much and nothing interesting has happened. This is what you tell your friend when you talk on the phone.

MODELO: You read: **estar / muy mal / tener gripe**
You hear: ¿Cómo has estado estos días?
You say: *He estado muy mal. He tenido gripe.*
You hear: Tienes gripe. ¡Qué mala suerte!

1. —¿Qué has hecho estos días en la ciudad?
   ***
   —No has hecho mucho. ¡Qué lástima!

2. —¿No has visto tampoco las iglesias que construyeron los españoles?
   ***
   —No las has visto, te ha dolido la cabeza. ¡Debes verlas pronto!

3. —¿Entonces no has salido del hotel?
   ***
   —No has salido, has estado en cama también. ¡Qué mala suerte!

4. —¿Pero televisión sí has visto?
   ***
   —Tampoco has visto nada de televisión. ¡Debe ser muy aburrido estar allí!

5. —¿Les has escrito postales a los amigos?
   ***
   —Claro, no has escrito ninguna postal... ¿para qué vas a escribirles?... ¡no tienes nada que contar!

II. **Todavía no** People ask you whether you have done things that you were supposed to do. You have been quite busy lately, so you tell them that you haven't had the time. Use pronouns in your answers. Follow the model.

MODELO: You hear: ¿Ya compraste los billetes de tren?
You say: *No, todavía no los he comprado.*
You hear: ¿Por qué no los has comprado?
You say: *Porque no he tenido tiempo.*
You hear: No has tenido tiempo. ¡Qué persona tan ocupada eres tú!

1. —¿Ya fuiste al aeropuerto Benito Juárez?
   ***
   —¿Por qué no has ido allí?
   ***
   —No has tenido tiempo. ¡Qué persona tan ocupada eres tú!

2. —¿Ya reservaste los billetes en Aeroméxico?
   ***

   —¿Por qué no los has reservado?
   ***

   —¡Eres una persona muy ocupada!

3. —¿Ya hablaste con el profesor de matemáticas?
   ***

   —¿Por qué no has hablado con él?
   ***

   —No has tenido tiempo. ¡Qué persona tan ocupada eres tú!

4. —¿Ya leíste la guía turística sobre España?
   ***

   —¿Por qué no la has leído?
   ***

   —No has tenido tiempo. ¡Eres una persona muy ocupada!

5. —¿Ya llevaste tus gatos a la guardería?
   ***

   —¿Por qué no los has llevado?
   ***

   —¡Qué persona tan ocupada eres tú!

6. —¿Ya discutiste el problema con tus profesores?
   ***

   —¿Por qué no lo has discutido con ellos?
   ***

   —No has tenido tiempo. ¡Qué persona tan ocupada eres tú!

III. **¿Siempre o nunca?** You will be asked questions about peoples' habitual actions. Answer that the people have done things differently this time. Use pronouns in your answers, and follow the model. Listen for the correct answers to confirm your responses.

MODELO: You read: **música**
   You hear: ¿Siempre escucha Jaime el noticiario al mediodía?
   You say: *Sí, siempre lo ha escuchado, pero esta vez escuchó música.*
   You hear: Sí, siempre lo ha escuchado, pero esta vez escuchó música.

1. —¿Siempre hace tu hermana las tareas a tiempo?
   ***

   —Sí, siempre las ha hecho a tiempo, pero esta vez las hizo tarde.

2. —¿Siempre lee Vicente novelas de horror?
   ***

   —Sí, siempre ha leído novelas de horror, pero esta vez leyó novelas de amor.

3. —¿Siempre abren las maletas en la aduana?
   ***

   —Sí, siempre las abren, pero esta vez abrieron los maletines.

4. —¿Siempre ha dicho Nora la verdad?
   ***

   —Sí, siempre ha dicho la verdad, pero esta vez dijo una mentira.

5. —¿Siempre has puesto las revistas en la sala?
   ***
   —Sí, siempre las he puesto en la sala, pero esta vez las puse en el comedor.

6. —¿Siempre escribes las cartas con tinta azul?
   ***
   —Sí, siempre las escribo con tinta azul, pero esta vez las escribí con tinta negra.

IV. **¿Por qué no lo has hecho?** Use the cues provided to answer the questions. Follow the model.

MODELO: You read: **el auto / descomponerse**
         You hear: ¿Por qué no vinieron en el auto?
         You say: *Porque el auto se ha descompuesto.*
         You hear: Se ha descompuesto... entonces hay que llevarlo al taller.

1. —¿Por qué no has visitado a tus sobrinos en Cuernavaca?
   ***
   —Porque se han ido para México. Entonces debes ir allí.

2. —¿Por qué no ha estado contento el profesor últimamente?
   ***
   —Porque no han contestado sus preguntas. Pues, ¡hay que estudiar más!

3. —¿Por qué no has visto la última película de la serie de TV?
   ***
   —Porque te han dicho que es muy mala. ¡Qué lástima!

4. —¿Por qué no has podido entrar a casa?
   ***
   —Porque has perdido las llaves de la puerta. ¡Qué lástima!

5. —¿Por qué no le has dicho nada al médico?
   ***
   —Porque se ha ido de vacaciones. Bueno, tendrás que esperar entonces.

V. **¿Qué te dijo Vicente?** You have just talked to Vicente, your Argentinean friend, on the phone. Now you repeat to other friends what Vicente has done since arriving in Mexico. Use the past tense and follow the model. After answering each question, listen for the correct answer.

MODELO: You read: **averiguar por su maleta perdida**
         You say: *Vicente dijo que había averiguado por su maleta perdida.*
         You hear: Vicente dijo que había averiguado por su maleta perdida.

1. ***
   —Vicente dijo que había reclamado la maleta.

2. ***
   —Vicente dijo que había hecho una excursión por la ciudad.

3. ***

   —Vicente dijo que había escrito postales.

4. ***

   —Vicente dijo que había puesto las postales en el correo.

5. ***

   —Vicente dijo que había comido tortillas mexicanas.

6. ***

   —Vicente dijo que había escuchado música mexicana.

7. ***

   —Vicente dijo que había ido al cine.

8. ***

   —Vicente dijo que había leído novelas.

9. ***

   —Vicente dijo que había salido a pescar.

10. ***

    —Vicente dijo que había visto las pirámides aztecas.

11. ***

    —Vicente dijo que había viajado en metro.

VI. **¿Dónde está mi maleta?** You have just arrived at Mexico City's international airport, **Aeropuerto Internacional Benito Juárez.** You discover that your luggage (three pieces) didn´t arrive, so you go the service office of your airline. They ask you many questions in order to trace your luggage. Use the cues provided to answer the questions.

   MODELO: You read: **perder maletín**
   valija y una bolsa
   dejar en el avión
   You hear: ¿Ha perdido usted su equipaje?
   You say: *Sí, he perdido mi maletín, la valija y una bolsa.*
   You hear: Empecemos por el maletín. ¿Dónde lo ha dejado?
   You say: *Lo he dejado en el avión.*

1. —¿Ha perdido usted su equipaje?
   ***

   —Empecemos por el maletín. ¿Dónde lo ha dejado?
   ***

   —¡Ah! Lo ha dejado en el avión. ¿De qué material es el maletín?
   ***

   —De tela. ¿Es grande o pequeño el maletín?
   ***

   —Pequeño. ¿De qué color es?
   ***

   —Negro. ¿Y en qué vuelo venía usted?
   ***

   —En el vuelo 691. ¿De qué línea aérea?

***

—De Aeroméxico. ¿Llevaba el maletín alguna identificación?

***

—Muy bien, tenía una etiqueta. ¿Qué llevaba usted en él?

***

—Solamente ropa. Muy bien, haremos todo lo posible por encontrarlo. No se preocupe.

2. —Y ahora, veamos… también ha perdido su valija, ¿no es así?

***

—¿Dónde la ha dejado?

***

—Muy bien, la ha enviado como equipaje. ¿De qué material es la valija?

***

—De plástico. ¿Es grande o pequeña la valija?

***

—Pequeña. ¿De qué color es?

***

—Negra. ¿Llevaba la valija alguna identificación?

***

—Muy bien, tenía una etiqueta. ¿Qué llevaba usted en ella?

***

—Solamente ropa. Haremos todo lo posible por encontrarla. No se preocupe.

3. —Ha perdido usted una bolsa, ¿no es así?

***

—¿Dónde la ha dejado?

***

—¡Ah!, también ha enviado la bolsa como equipaje. ¿De qué material es la bolsa?

***

—De cuero. ¿Es grande o pequeña la bolsa?

***

—Grande. ¿De qué color es?

***

—Azul. ¿Llevaba la bolsa alguna identificación?

***

—¡Oh!, no tenía ninguna etiqueta. ¿Qué llevaba usted en ella?

***

—Libros y documentos. Muy bien, haremos todo lo posible por encontrarla. No se preocupe.

Aquí llegamos

I. ¿Qué harás? Indicate what people will be doing in the future. Answer each question using the future of the verb and the cue provided. Then listen for the correct answer.

MODELO: You read: **esta noche / mañana**
You hear: ¿Puedes salir esta noche?
You say: *Esta noche no, pero podré salir mañana.*
You hear: Esta noche no, pero podré salir mañana.

1. —¿Sabes hablar portugués?
   ***
   —Ahora no, pero sabré dentro de un año.

2. —¿Quieres aprender bailes españoles?
   ***
   —Todavía no, pero querré dentro de poco.

3. —Este año no hay muchos estudiantes extranjeros, ¿verdad?
   ***
   —Este año no, pero el próximo año habrá muchísimos.

4. —¿El niñito puede tomar solo el autobús?
   ***
   —Todavía no, pero muy pronto podrá.

5. —¿Marta hace la tarea hoy?
   ***
   —Hoy no, pero mañana la hará.

II. ¿Deseas llamar por teléfono? You are explaining to a friend how to use a public telephone in Spain. Answer each of your friend's questions using the command form of the verb in the cue. Follow the model.

MODELO: You read: **buscar una cabina telefónica**
You say: *Busca una cabina telefónica.*
You hear: Muy bien, ya he encontrado una cabina telefónica. ¿Ahora qué debo hacer?

1. ***
   —Muy bien, ya estoy dentro de la cabina telefónica. ¿Qué hago ahora?

2. ***
   —Ya he descolgado el auricular. ¿Y después?

3. ***
   —Bien, ya estoy escuchando la señal de marcar. ¿Qué sigue ahora?

4. ***
   —Voy a pagar con monedas. Ahora las estoy depositando. ¿Puedo marcar ya?

5. ***

   —Perfecto, marco el número... a ver... dos cuatro siete, treinta y tres, ochenta y seis. Y ahora espero, ¿verdad?

6. ***

   —Muy bien, hablo con la persona que contesta. ¿Y después cuelgo el teléfono?

7. ***

   —De acuerdo, después de terminar, cuelgo el auricular. ¡Muchas gracias por las instrucciones!

III. **Los viajes** You will hear three short conversations. Listen carefully to each conversation, then decide which means of transportation the people were taking and write the number of the conversation below the appropriate phrase.

1. —¡Este viaje tarda muchísimo! Tú me dijiste que era muy corto.
   —Sí, es relativamente corto: de México a Cuernavaca hay solamente hora y media. Y mira, ya llevamos la mitad. La otra mitad se hace en 45 minutos.
   —Pues me parece muy largo... me duele todo el cuerpo, la espalda, las piernas... quisiera descansar un poco.
   —Espera un poco más. Dentro de poco podremos parar a comer algo y a estirar las piernas. ¿De acuerdo?
   —De acuerdo, esperaré un poco más. Pararemos después del próximo peaje.
   —Muy bien, pararemos después del próximo peaje.

2. —Todavía faltan 45 minutos para nuestra salida.
   —Sí, salimos a las 11:25.
   —Salimos del andén B, ¿no es así?
   —Exactamente. Y el vagón es el número 51.
   —¿Cuántas horas de viaje son?
   —Creo que de aquí hasta Granada el viaje tarda unas 4 horas.
   —¡Vaya, qué largo!

3. —¡Vaya, estamos atrasados!
   —¡Y todavía nos falta facturar el equipaje!
   —¡Vamos, entonces, trae las valijas y los maletines!
   —¡Ya, ya, aquí voy con todo! Y después de facturar, ¿por cuál puerta salimos?
   —Creo que por la puerta 7, dentro de 25 minutos. ¡Démonos prisa!

IV. **Dictado** Listen to the description of Cristina's trip to Mexico and write what you hear. The entire description will be read once, then each sentence will be read twice with time for you to write.

Cristina vuela a México

Salí de los Estados Unidos en un vuelo de la línea aérea mexicana, Aeroméxico. Llegué al aeropuerto internacional, que queda bastante lejos del centro de la Ciudad de México. Antes de viajar, mis amigos me habían aconsejado tomar un colectivo para llegar al centro. En la información del aeropuerto me dieron las instrucciones para encontrar la parada del colectivo. Cuando llegué allí, le compré el boleto al conductor antes de comenzar el viaje. Viajé hacia el centro compartiendo la camioneta con otros pasajeros que iban en la misma dirección. Fue un viaje muy interesante.

El arte y la música en el mundo hispano

CAPÍTULO SIETE

La pintura

I. **El Museo del Prado** Listen to the description of **El Museo del Prado** in Madrid. Then select the correct answer to each question. The text will be read twice. You may want to read the questions in advance.

El Museo del Prado

El Museo del Prado es uno de los museos de arte más importantes del mundo. El museo se abrió al público en 1819 en un edificio nuevo y se llamaba Museo de la Colección Real de Pintura. Tenía ese nombre porque, anteriormente, las pinturas pertenecían a la colección que muchos reyes españoles habían reunido durante varios siglos.

En el Prado hay actualmente más de 5.000 cuadros, pero solamente la mitad de ellos se puede ver en las salas del museo. El resto de los cuadros están guardados en el museo o están prestados a otros museos españoles.

También forma parte del Museo del Prado un museo que se llama el Casón del Buen Retiro, en el que hay una colección histórica sobre arte español. Allí se pueden ver los cuadros de los pintores de la escuela Catalana, quienes prepararon el camino para el joven Pablo Picasso.

La colección de pintura española que tiene el museo no tiene igual en el mundo. Se puede ver allí una muestra de las obras de los mejores pintores españoles, por ejemplo, Picasso, Velázquez y Goya.

El cuadro *Guernica,* de Picasso, volvió a España después de estar muchos años en el Museo de Arte de Nueva York y se encuentra actualmente en el Casón del Buen Retiro. Junto con el cuadro están también los dibujos que hizo Picasso cuando planeaba realizar esa magnífica pintura.

II. La tragedia de Guernica Listen to this conversation between a grandfather, don Ramón, and his grandson, Paco, about the bombardment of Guernica. As you listen, complete the sentences based on what you hear. You will hear the conversation twice.

La tragedia de Guernica

Don Ramón: El 26 de abril de 1937 sucedió algo en la guerra civil española que nunca se olvidará.

Paco: ¿Qué sucedió, abuelo? Yo quiero que usted me cuente esa historia.

Don Ramón: Te la voy a contar. Ese día, los habitantes de Guernica oyeron un ruido que no conocían muy bien. Ninguno sabía que se acercaba una tragedia.

Paco: ¿Era el ruido de los aviones que llegaban?

Don Ramón: Sí, eran aviones nacionalistas que llegaban a atacar la ciudad.

Paco: Yo no entiendo por qué querían atacarla.

Don Ramón: Es necesario que comprendas dos cosas, Paco. Primero, que los nacionales españoles tenían armas nuevas que querían probar y segundo, que Alemania e Italia les ayudaron a hacerlo.

Paco: Ya entiendo, abuelo. ¿Y qué pasó cuando llegaron los aviones?

Don Ramón: Empezaron a bombardear toda la ciudad y mucha gente indefensa murió en ese ataque.

Paco: Pues, es necesario que terminen todas las guerras. Yo no quiero que haya más guerras, abuelo.

Don Ramón: Tampoco yo quiero que se repita esa guerra. Yo quiero que el mundo viva en paz.

Paco: ¿Lo mismo quería Picasso cuando pintó el cuadro *Guernica*?

Don Ramón: Sí, él describe en su cuadro el terror y la agonía que puede causar la guerra.

III. Todo es necesario Make substitutions in the sentences you hear, using the cues given. Follow the model.

MODELO: You hear: Es necesario que tú hables con el médico.
You repeat: *Es necesario que tú hables con el médico.*
You hear: él
You say: *Es necesario que él hable con el médico.*
You hear: Es necesario que él hable con el médico.

1. —Es necesario que tú ahorres más dinero.
   ***
   —usted
   ***
   —Es necesario que usted ahorre más dinero.
   —yo
   ***
   —Es necesario que yo ahorre más dinero.
   —nosotros
   ***
   —Es necesario que nosotros ahorremos más dinero.
   —los chicos
   ***
   —Es necesario que los chicos ahorren más dinero.

2. —Es necesario que tú estudies más sobre la pintura de Dalí.
   ***

   —yo
   ***

   —Es necesario que yo estudie más sobre la pintura de Dalí.
   —la señora
   ***

   —Es necesario que la señora estudie más sobre la pintura de Dalí.
   —usted
   ***

   —Es necesario que usted estudie más sobre la pintura de Dalí.
   —nosotros
   ***

   —Es necesario que nosotros estudiemos más sobre la pintura de Dalí.

3. —Es necesario que tú escribas una composición sobre Picasso.
   ***

   —nosotros
   ***

   —Es necesario que nosotros escribamos una composición sobre Picasso.
   —los chicos
   ***

   —Es necesario que los chicos escriban una composición sobre Picasso.
   —yo
   ***

   —Es necesario que yo escriba una composición sobre Picasso.
   —usted
   ***

   —Es necesario que usted escriba una composición sobre Picasso.

4. —Es necesario que lo digas todo.
   ***

   —nosotros
   ***

   —Es necesario que nosotros lo digamos todo.
   —yo
   ***

   —Es necesario que yo lo diga todo.
   —los chicos
   ***

   —Es necesario que los chicos lo digan todo.
   —tú
   ***

   —Es necesario que tú lo diga todo.

5. —Es necesario que nosotros oigamos muy bien la lección.
   ***

   —tú
   ***

   —Es necesario que tú oigas muy bien la lección.
   —la niña
   ***

   —Es necesario que la niña oiga muy bien la lección.
   —yo

***
—Es necesario que yo oiga muy bien la lección.
—ustedes
***
—Es necesario que ustedes oigan muy bien la lección.

6. —Es necesario que tú vengas a la exposición de Miró.
***
—usted
***
—Es necesario que usted venga a la exposición de Miró.
—nosostros
***
—Es necesario que nosotros vengamos a la exposición de Miró.
—yo
***
—Es necesario que yo venga a la exposición de Miró.
—ellos
***
—Es necesario que ellos vengan a la exposición de Miró.

IV. **Quiero que hagas varias cosas** You and a friend are organizing a school party. Your friend wants to do tasks related to the party. You point out that it is necessary that both of you do each task. Follow the model.

MODELO: You hear: ¿Es necesario preparar la receta del postre?
You say: *Sí, es necesario que preparemos la receta del postre.*
You hear: Tienes razón, es necesario que preparemos la receta del postre.

1. —¿Hay que escribir a máquina todas las invitaciones?
***
—Sí, es necesario que escribamos a máquina todas las invitaciones.

2. —¿Es necesario contratar una buena orquesta para el baile?
***
—Sí, es necesario que contratemos una buena orquesta para el baile.

3. —¿Es necesario entregar personalmente todas las invitaciones?
***
—No, no es necesario que entreguemos personalmente todas las invitaciones.

4. —¿Es importante pedir los boletos a la entrada?
***
—Sí, es importante que pidamos los boletos a la entrada.

5. —¿Hay que volver a llamar a los invitados?
***
—No, no es necesario que volvamos a llamar a los invitados.

6. —¿Es necesario arreglar las mesas con flores?
***
—Sí, es necesario que arreglemos las mesas con flores.

7. —¿Es importante saber cuántas personas vienen?

   ***

   —Sí, es importante que sepamos cuántas personas vienen.

8. —¿Hay que comprar muchos refrescos?

   ***

   —Sí, es necesario que compremos muchos refrescos.

9. —¿Es necesario servir la comida temprano?

   ***

   —No, no es necesario que sirvamos la comida temprano.

10. —¿Tendremos que quedarnos hasta el final de la fiesta?

    ***

    —Sí, es necesario que nos quedemos hasta el final de la fiesta.

V. **¡Ojalá!** Your friend tells you about the problems of other friends and acquaintances. Use the expression **ojalá** to express what you hope will happen to straighten things out. Then use the expression **es necesario que** to explain what has to be done.

MODELO: You read: **Vicente / encontrar el cuadro**
                      él / contratar a un detective
          You hear: Vicente ha perdido su mejor cuadro de Dalí.
          You say: *¡Ojalá que Vicente encuentre el cuadro!*
          You hear: ¡Pobre Vicente! ¿Es necesario hacer algo?
          You say: *Es necesario que él contrate a un detective.*
          You hear: Sí, muy buena idea que contrate a un detective.

1. —Sofía no tiene dinero para viajar a las cuevas de Altamira.

   ***

   —¡Ojalá que lo consiga! ¿Es necesario hacer algo?

   ***

   —Tienes razón, ella tendrá que trabajar tiempo extra.

2. —Está lloviendo y no puedo tomar fotos de los murales.

   ***

   —¡Ojalá que haga sol pronto! ¿Es necesario hacer algo?

   ***

   —Tienes razón, es necesario que tengamos paciencia.

3. —Rosita no podrá cuidar al niño mañana.

   ***

   —¡Ojalá que Ana pueda cuidarlo! ¿Es necesario hacer algo?

   ***

   —Claro, es necesario que yo llame a Ana.

4. —El bebé no se quiere dormir.

   ***

   —¡Ojalá que se duerma pronto! ¿Es necesario hacer algo?

   ***

   —Por supuesto, es necesario que la mamá le cante una canción.

5. —César no podrá venir a tiempo al concierto de mañana.
   ***
   —¡Ojalá que venga mañana! ¿Es necesario hacer algo?
   ***
   —De acuerdo, es necesario que tome un avión más temprano.

VI. ¿Por qué lo hacen? You and your friends are doing many different things. Use the cues to explain who wants you to do them. When possible, use pronouns in your answers. Follow the model.

MODELO: You read: **Leonora / querer / él / pedir**
         You hear: ¿Por qué pide Juan pizza?
         You say: *Porque Leonora quiere que él la pida.*
         You hear: Entiendo, Leonora quiere que él la pida.

1. —¿Por qué oye Mario discos compactos?
   ***
   —Entiendo, su hermana quiere que él los oiga.

2. —¿Por qué repite Isabel los ejercicios de matemáticas?
   ***
   —Comprendo, la profesora quiere que ella los repita.

3. —¿Por qué practican deportes los estudiantes?
   ***
   —Entiendo, los profesores quieren que ellos los practiquen.

4. —¿Por qué ponen los chicos los libros en el cajón?
   ***
   —Comprendo, porque su mamá quiere que ellos los pongan.

5. —¿Por qué hacen las chicas postre de chocolate?
   ***
   —Entiendo, porque sus amigos quieren que ellas lo hagan.

El arte popular

I. La insistencia You are in charge of a camping excursion and have to take care that the children do what they are supposed to do. When one of the other people in charge suggests that the children do something, you strongly agree using the expression **insistir en que** + *verb.* Follow the model.

MODELO: You read: **cruzar**
             You hear: Chicos, hay que cruzar el río con cuidado.
             You say: *Yo insisto en que crucen el río con cuidado.*
             You hear: Sí, yo también insisto en que crucen el río con cuidado.

1. —Chicos, hay que levantarse temprano todos los días.
    ***
    —Sí, yo también insisto en que se levanten temprano todos los días.

2. —Chicos, hay que ducharse y desayunarse rápidamente.
    ***
    —Sí, yo también insisto en que se duchen y se desayunen rápidamente.

3. —Hay que ponerse los zapatos de tenis.
    ***
    —Sí, yo también insisto en que se pongan los zapatos de tenis.

4. —Hay que empezar los ejercicios de gimnasia inmediatamente.
    ***
    —Sí, yo también insisto en que empiecen los ejercicios de gimnasia inmediatamente.

5. —Hay que salir al bosque por las mañanas.
    ***
    —Sí, yo también insisto en que salgan al bosque por las mañanas.

6. —Hay que volver temprano para hacer el almuerzo.
    ***
    —Sí, yo también insisto en que vuelvan temprano para hacer el almuerzo.

7. —Hay que llegar a tiempo para el almuerzo.
    ***
    —Sí, yo también insisto en que lleguen a tiempo para el almuerzo.

8. —Hay que conocer muy bien los nombres de las plantas.
    ***
    —Sí, yo también insisto en que conozcan muy bien los nombres de las plantas.

9. —Hay que jugar al fútbol por la tarde.
    ***
    —Sí, yo también insisto en que jueguen al fútbol por la tarde.

10. —Hay que sacar la basura todas las tardes.
   ***
   —Sí, yo también insisto en que saquen la basura todas las tardes.

II. **Reglamento para estudiantes** You and your classmates are listening to a long list of school rules. When one of your friends reads one of the rules, you repeat it using the expression **no nos permiten que** + *verb*. Your friend confirms what you say.

MODELO: You hear: Prohibido llegar tarde a clase.
You say: *No nos permiten que lleguemos tarde a clase.*
You hear: No nos permiten que lleguemos tarde a clase.

1. —Prohibido comer durante las clases.
   ****
   —No nos permiten que comamos durante las clases.

2. —Prohibido consumir alcohol y drogas.
   ***
   —No nos permiten que consumamos ni alcohol ni drogas.

3. —Prohibido cruzar la calle con el semáforo en rojo.
   ***
   —No nos permiten que crucemos la calle con el semáforo en rojo.

4. —Prohibido hablar a gritos.
   ***
   —No nos permiten que hablemos a gritos.

5. —Prohibido fumar.
   ***
   —No nos permiten que fumemos.

6. —Prohibido insistir cuando han dicho que no.
   ***
   —No nos permiten que insistamos cuando han dicho que no.

7. —Prohibido levantarse tarde.
   ***
   —No nos permiten que nos levantemos tarde.

8. —Prohibido mantener los libros en desorden.
   ***
   —No nos permiten que mantengamos los libros en desorden.

9. —Prohibido dejar de hacer las tareas.
   ***
   —No nos permiten que dejemos de hacer las tareas.

10. —Prohibido poner los codos encima de la mesa.
    ***
    —No nos permiten que pongamos los codos encima de la mesa.

11. —Prohibido regresar después de las 9 de la noche.
    ***
    —No nos permiten que regresemos después de las 9 de la noche.

12. —Prohibido salir de la escuela sin permiso.
    ***
    —No nos permiten que salgamos de la escuela sin permiso.

III. **Hay que hacerlo** Many of your friends tend to put things off. Sometimes they even say that someone else should do them. You and a friend discuss this matter. Express your feelings using **es importante que, es aconsejable que,** or **es necesario que.** Then use the cues provided to indicate when you expect, hope, or prefer that the things get done. Use pronouns when possible and follow the model.

MODELO: You read: **¿Cómo? / es importante que**
                    esperar que / hoy
         You hear: Ricardo todavía no ha escrito el artículo sobre las molas cunas.
         You say: *¿Cómo? Es importante que lo escriba.*
         You hear: Sí, es importante que lo escriba.
         You say: *Pues yo espero que lo escriba hoy.*
         You hear: ¡Ojalá que lo escriba hoy!

1. —Cristóbal no quiere que Ana traiga todavía las carretas de Sarchí.
    ***
    —Sí, hay que insistir en que las traiga.
    ***
    —También yo insisto en que las traiga hoy.

2. —Milena no ha pagado todavía las máscaras mexicanas que compró.
    ***
    —Sí, es importante que las pague.
    ***
    —¡Ojalá que las pague pronto!

3. —Luz y Yolanda no conocen todavía los santos populares.
    ***
    —De acuerdo, es importante que los conozcan.
    ***
    —Sí, ¡ojalá que los conozcan pronto!

4. —Daniel no ha empezado a limpiar la casa.
    ***
    —De acuerdo, es importante que empiece a limpiarla.
    ***
    —También yo insisto en que empiece a limpiarla inmediatamente.

5. —Don José no ha buscado las fotos de Carlos Gardel.
    ***
    —Sí, es importante que las busque.
    ***
    —Sí, espero que las busque ahora mismo.

IV. No queremos You and a friend disagree about some things. Each time you suggest that both of you do something together, your friend refuses. Then you give in and accept your friend's wishes by saying **está bien** + *negative command*. Use personal pronouns when possible and follow the model.

MODELO:　You read:　**yo / querer / tú y yo / ver la exposición de pinturas**
　　　　　　You say:　*Yo quiero que tú y yo veamos la exposición de pinturas.*
　　　　　　You hear:　Tú quieres que veamos la exposición, ¡pero yo no quiero verla!
　　　　　　You say:　*¡Esta bien, no la veamos!*
　　　　　　You hear:　De acuerdo, no la veamos.

1.　***
　　—Tú quieres que tú y yo participemos en el carnaval, ¡pero yo no quiero
　　participar!
　　***
　　—De acuerdo, no participemos.

2.　***
　　—Tú quieres que tú y yo toquemos el piano, ¡pero yo no quiero tocar!
　　***
　　—De acuerdo, no lo toquemos.

3.　***
　　—Tú quieres que tú y yo nos desayunemos en la terraza, ¡pero yo no quiero!
　　***
　　—De acuerdo, no nos desayunemos allí.

4.　***
　　—Tú quieres que tú y yo cojamos mariposas, ¡pero yo no quiero!
　　***
　　—De acuerdo, no las cojamos.

5.　***
　　—Tú quieres que tú y yo juguemos al fútbol, ¡pero yo no quiero!
　　***
　　—De acuerdo, no juguemos al fútbol.

V. Martes 13 One of your classmates was visiting friends in a Spanish-speaking country where they talked a lot about superstition. You will hear your friend's summary of what they think are the most important issues. Write your own summary of what your friend tells you. The text will be read twice.

Martes 13

Cuando estuve visitando a mis amigos, ellos me contaron que los días trece pueden traer muy mala suerte, especialmente cuando el día trece es un martes. Por esta razón, te recomiendo que escuches muy bien lo que te voy a decir.

Primero que todo, es necesario que tengas cuidado con todo lo que vayas a hacer en un día tan peligroso como un martes trece.

Es importante que no te bajes de la cama con el pie izquierdo primero. Es necesario que siempre pongas primero el pie derecho.

Si quiebras un espejo, tendrás siete años de mala suerte. Para evitar la mala suerte, es aconsejable que saques un poquito de sal de la cocina y luego la eches por encima del hombro izquierdo.

Si caminas por la calle y un gato negro cruza tu camino, es una señal de que algo muy malo te puede pasar. Yo te recomiendo que des tres pasos para atrás y que escupas tres veces antes de seguir caminando.

Espero que estas recomendaciones te sirvan mucho. ¡Buena suerte!

VI. **Las Fiestas de Moros y Cristianos en España** There is a very special Spanish **fiesta** celebrated in Alcoy. One of the residents of Alcoy will tell you why they celebrate this **fiesta** every year. Listen to the text. Then, select the correct answer to each question. The text will be read twice. You may want to read the questions in advance. The proper names that you will hear in the text are written for you.

Las Fiestas de Moros y Cristianos

Las Fiestas de Moros y Cristianos se celebran en muchas partes de España y de América Latina. En estas fiestas se recuerdan las victorias de los cristianos españoles sobre los moros que ocupaban España. Las fiestas de Alcoy son muy especiales porque Alcoy fue una de las últimas regiones que reconquistaron los cristianos. Alcoy está en la provincia de Alicante, al este de España, y hoy tiene aproximadamente 60.000 habitantes.

La historia que voy a contarte sucedió en el año de 1276. Solamente treinta años antes, Jaime el Conquistador había liberado la ciudad de los moros. Ahora, ellos amenazaban de nuevo la pequeña ciudad de Alcoy. Los habitantes estaban aterrorizados porque sabían que llegaría el príncipe moro Al Azdrak para reconquistar la ciudad. Este príncipe tenía gran poder militar y en su juventud había intentado matar a Jaime el Conquistador. Los habitantes de Alcoy le tenían miedo y estaban convencidos de que los iba a matar a todos.

Los moros lucharon con gran fuerza contra los cristianos ese día, y llegó un momento en el que los cristianos sintieron que iban a perder la batalla. El príncipe moro los había llevado casi hasta el río durante la lucha y ya no podían hacer nada, pues todas las salidas estaban cerradas. Entonces fue cuando sucedió el milagro: llegó San Jorge en su caballo blanco, luchó contra los moros y mató al príncipe Al Azdrak. ¡San Jorge había liberado la ciudad!

Este evento es el que conmemoramos los habitantes de Alcoy todos los años, el 23 de abril, día de San Jorge.

CAPITULO NUEVE

La música en el mundo hispano

I. **¡Cuánto lo siento!** When someone tells you something, you express how you feel using the cue provided. Remember to change the verbs into the subjunctive. Then listen for the correct response to confirm your answer.

MODELO: You read: **siento mucho que**
                 You hear: No puedo asistir a la cena de esta noche.
                 You say: *Siento que no puedas asistir a la cena de esta noche.*
                 You hear: Siento mucho que no puedas asistir a la cena de esta noche.

1. —Me voy de vacaciones para Acapulco.
   ***
   —Nos alegramos de que te vayas de vacaciones para Acapulco.

2. —¡Hoy hace mucho sol!
   ***
   —¡Estamos contentos de que hoy haga mucho sol!

3. —El bebé tiene fiebre.
   ***
   —Siento mucho que el bebé tenga fiebre.

4. —Hoy voy a regresar temprano a casa.
   ***
   —Me gusta que regreses temprano hoy a casa.

5. —¡Soy muy feliz!
   ***
   —Me alegro de que seas feliz.

II. **¿Qué les pasa?** Use the first set of cues provided to comment on what is being said. Then use the second set of cues to explain what would be the best thing to do. Follow the model.

MODELO: You read: **qué lástima que / Liliana / estar enferma**
                           es mejor que / nosotros / llamar al médico
                 You hear: Liliana está enferma.
                 You say: *¡Qué lástima que Liliana esté enferma!*
                 You hear: Sí, ¡qué lástima que ella esté enferma! ¿Qué podemos hacer?
                 You say: *Nada, es mejor que llamemos al médico.*
                 You hear: De acuerdo, es mejor que nosotros llamemos al médico.

1. —Nora tiene muy malas notas.
   ***
   —Sí, ¡qué pena que tenga malas notas! ¿Qué podemos hacer?
   ***
   —De acuerdo, es bueno que ella estudie más.

2. —Alberto está triste.
   ***
   —Sí, ¡qué pena que Alberto esté triste! ¿Qué podemos hacer?
   ***
   —De acuerdo, es necesario que él sonría más.

3. —Lola y Beatriz no salen con nosotros.
   ***
   —Sí, ¡qué raro que Lola y Beatriz no salgan con nosotros! ¿Qué podemos hacer?
   ***
   —De acuerdo, es conveniente que nosotros hablemos con sus papás.

4. —Carlos no tiene muchos amigos.
   ***
   —Sí, ¡qué lastima que Carlos no tenga muchos amigos! ¿Qué podemos hacer?
   ***
   —De acuerdo, es necesario que él sea más simpático.

5. —Sonia no trabaja bien.
   ***
   —Sí, ¡qué vergüenza que Sonia no trabaje bien! ¿Qué podemos hacer?
   ***
   —De acuerdo, es aconsejable que ella acepte su responsabilidad.

III. **Conducir, traducir y producir** Make substitutions in the sentences you hear, using the cues given. Follow the model.

MODELO: You hear: Es necesario que traduzcas todo el texto.
           You repeat: *Es necesario que traduzcas todo el texto.*
           You hear: Marta
           You say: *Es necesario que Marta traduzca todo el texto.*
           You hear: Es necesario que Marta traduzca todo el texto.

1. —Es importante que tú conduzcas con cuidado.
   ***
   —Doris
   ***
   —Es importante que Doris conduzca con cuidado.
   —nosotros
   ***
   —Es importante que nosotros conduzcamos con cuidado.
   —usted
   ***
   —Es importante que usted conduzca con cuidado.
   —yo
   ***

—Es importante que yo conduzca con cuidado.
—los jóvenes
***
—Es importante que los jóvenes conduzcan con cuidado.

2. —Es necesario que tú traduzcas el contrato.
***
—el arquitecto
***
—Es necesario que el arquitecto traduzca el contrato.
—yo
***
—Es necesario que yo traduzca el contrato.
—nosotros
***
—Es necesario que nosotros traduzcamos el contrato.
—ellas
***
—Es necesario que ellas traduzcan el contrato.
—ustedes
***
—Es necesario que ustedes traduzcan el contrato.

3. —Es aconsejable que las fábricas produzcan menos basura.
***
—los estudiantes
***
—Es aconsejable que los estudiantes produzcan menos basura.
—nosotros
***
—Es aconsejable que nosotros produzcamos menos basura.
—ustedes
***
—Es aconsejable que ustedes produzcan menos basura.
—tú
***
—Es aconsejable que tú produzcas menos basura.
—la gente
***
—Es aconsejable que la gente produzca menos basura.

IV. **Propósitos de Año Nuevo** When a friend tells you about a New Year's resolution, you express how you feel using the cues provided. Another friend supports your opinion. Follow the model.

MODELO: You read: **es bueno que**
You hear: Este año pondré más atención en las clases.
You say: *Es bueno que este año pongas más atención en las clases.*
You hear: Sí, es muy bueno que este año pongas más atención en las clases.

1. —Este año no fumaré más.
***
—Sí, es muy bueno que este año no fumes más.

2. —Este año haré todas mis tareas a tiempo.
   ***
   —Sí, es una maravilla que este año hagas todas tus tareas a tiempo.

3. —Este año no prometeré nada.
   ***
   —Me parece una vergüenza que este año no prometas nada.

4. —Este año no voy a hacer ejercicios aeróbicos.
   ***
   —Sí, es una pena que este año no vayas a hacer ejercicios aeróbicos.

5. —Este año no estudiaré alemán.
   ***
   —De acuerdo, es una lástima que este año no estudies alemán.

V. **¿Qué es mejor?** A friend is telling you about different people and you respond by giving advice. Use the expression **es mejor que** + *verb* and the cues provided. Follow the model.

> MODELO: You read: **frutas y vegetales**
> You hear: Yo como siempre muchos chocolates.
> You say: *Es mejor que comas frutas y vegetales.*
> You hear: Sí, es mejor que comas frutas y vegetales.

1. —A Cecilia le gusta ir a los conciertos los lunes.
   ***
   —Claro, es mejor que vaya los fines de semana.

2. —Es malo que Héctor diga tantas mentiras.
   ***
   —Sí, es mejor que diga la verdad.

3. —Es peligroso que los niños naden solos en el mar.
   ***
   —Por supuesto, es mejor que naden con un adulto.

4. —Siempre canto canciones flamencas.
   ***
   —De acuerdo, es mejor que cantes tangos.

5. —Es bueno que invitemos a Guillermo a cenar mañana.
   ***
   —Sí, es mejor que lo invitemos pasado mañana.

VI. **El concierto** Santiago and Elena are talking about an upcoming concert. Listen to their conversation and then check which statements are true (**cierto**) or false (**falso**). The conversation will be read twice.

Elena: Voy a asistir al concierto de salsa del grupo Los Olímpicos este fin de semana. ¿Tú vas a ir?

Santiago: No, porque no he podido conseguir billetes de entrada para el concierto. Parece que todo el mundo va a ir y ya no hay entradas.

Elena: Claro, todas las canciones de ese grupo son un éxito. Es un grupo muy popular.

Santiago: Sí, yo he escuchado su versión de la Bamba muchas veces. ¡Es fantástica!

Elena: Pero además de ese tipo de música, también interpretan muchos ritmos hispanoamericanos y españoles. ¿Sabes tú qué tipo de canciones interpretan?

Santiago: Sí, he escuchado su música flamenca. Además, creo que también tienen tangos en su repertorio.

Elena: Sí... tango rioplatense auténtico, ese tango melancólico que habla de desengaños amorosos y de sufrimientos.

Santiago: Por supuesto, interpretan tango rioplatense de verdad.

Elena: ¿Has oído hablar de Gardel?

Santiago: No, ¿quién es?

Elena: Gardel fue el cantante de tangos más famoso. Ya murió, pero todavía se interpretan sus canciones.

Santiago: ¿Y el grupo de los Olímpicos interpreta canciones de Gardel?

Elena: Sí, de Gardel y de otros artistas famosos.

Santiago: ¡Qué lástima que yo no pueda ir al concierto! Espero que me cuentes si te ha gustado.

Elena: ¡Por supuesto, pero todavía no pierdas las esperanzas de conseguir una entrada!

Aquí llegamos

I. **La danza del tigre** You have volunteered to perform **la danza del tigre** with your Mexican friends. You have never danced or even seen this dance before, and you are not sure what they expect you to do. When your friends explain the six tasks you have to do, confirm each one using the expression **ustedes quieren que yo** + *verb.* Follow the model.

MODELO: You hear: Tú eres un cazador en la danza del tigre.
               You say: *Ustedes quieren que yo sea un cazador en la danza del tigre.*
               You hear: Sí, queremos que seas un cazador en la danza del tigre.

1. —Primero te pones la máscara.
   ***
   —Sí, queremos que primero te pongas la máscara.

2. —Y corres detrás del tigre.
   ***
   —Sí, queremos que corras detrás del tigre.

3. —Después, aceptas la ayuda de los perros.
   ***
   —Sí, queremos que después aceptes la ayuda de los perros.

4. —Y bailas con los otros cazadores.
   ***
   —Sí, queremos que bailes con los otros cazadores.

5. —También pides la ayuda de los santos.
   ***
   —Sí, queremos que también pidas la ayuda de los santos.

6. —Por último, coges al tigre.
   ***
   —Sí, por último, queremos que cojas al tigre.

II. **Dictado** Listen to Rosa's story and write what you hear. The entire description will be read once, then each sentence will be read twice with time for you to write.

Rosa, la cantante de flamenco

Me llamo Rosa. Soy gitana y nací en Granada, en la provincia española de Andalucía. Tengo dieciocho años y toda mi vida he cantado y bailado flamenco.

Cuando era una niña, mi abuela me enseñó los conocimientos básicos del flamenco, el baile de mi pueblo. Yo bailaba siempre acompañada por la guitarra y la voz de mi padre, José Luis.

Muchas veces, por las tardes, llegaban turistas al barrio donde vivíamos y yo bailaba para ellos. Me daban siempre dinero y me decían que bailaba muy bien.

Hace un año que estoy en Madrid, viviendo con la familia de mi tía Lola, una mujer encantadora y muy buena. Por las noches trabajo bailando en algunos sitios turísticos.

Mi sueño es llegar a ser una gran bailarina de flamenco. ¡Ojalá se realice mi sueño!

III. **Instrumentos musicales** Listen to this conversation between two people who are planning to buy musical instruments. As you listen, complete the sentences based on what you hear. You will hear the conversation twice.

Instrumentos musicales

—Quisiera comprar una guitarra.

—Hay muchas clases de guitarras—grandes, pequeñas, caras y baratas...

—Pues, para mí es importante que la guitarra sea buena.

—Por supuesto, lo más importante es que sea buena. ¿Qué clase de música toca usted?

—Yo generalmente toco música española, pero a veces también interpreto música clásica.

—¿Interpreta usted flamenco?

—Sí, claro, y precisamente necesito la guitarra para tocar música flamenca. Voy a dar un concierto el mes próximo.

—Qué bien, qué bien... pues yo le recomiendo que vaya usted a la Casa Segovia, una tienda de instrumentos musicales muy buena, especializada en instrumentos de cuerda.

—¿Y usted conoce personalmente esa tienda?

—Sí, sí, la conozco personalmente. Tiene buen servicio y precios justos. Allí compré mi mejor violín, y allí compraré también un arpa para mi hija.

—Muchas gracias por la recomendación. Espero que encuentre usted el arpa que necesita.

—Y yo espero que usted encuentre una buena guitarra para interpretar música flamenca.

IV. **Violeta Parra** Listen to this short biography of Violeta Parra, who was a well-known Chilean singer and composer. Then decide whether the statements are true or false according to what you hear. Circle **C (cierto)** if the statement is true or **F (falso)** if the statement is false according to what you hear.

Violeta Parra

Violeta Parra nació en el pueblito chileno de San Carlos en 1917. Su madre era costurera y su padre era profesor de un colegio de primaria.

Violeta empezó a practicar la música desde muy joven, ya que todos en su familia tocaban algún instrumento. Su madre tocaba la guitarra y a veces cantaba con su marido. Su padre tocaba el violín, el piano y la guitarra.

Desde 1935 empezó a cantar en restaurantes junto con sus hermanos, Roberto y Eduardo. Poco después se enamoró, se casó y tuvo dos hijos. Posteriormente, en

1952, se dedicó por entero a la música y a dar a conocer el folklore de Chile. Fundó y dirigió el Museo de Arte Popular de Santiago y compuso innumerables canciones, algunas muy conocidas en todo el mundo, como por ejemplo, la canción "Gracias a la Vida". En ella canta sobre el amor y las cosas bellas que nos da la vida.

Violeta y su marido se divorciaron y varios años después, ella se enamoró de un músico suizo. Sin embargo, ese amor terminó definitivamente y él se fue a vivir a Bolivia. Violeta nunca se recuperó de esa tristeza y se suicidó cuando tenía 50 años.

Desde entonces, su hermano, Nicanor Parra, el poeta chileno más importante actualmente, ha hecho conocer su obra en todo el mundo.

El mundo de las letras

CAPÍTULO DIEZ

Periódicos, revistas y fotonovelas: ¿Qué vas a leer?

I. Dudo de todo Use the expressions provided to express your doubts about the statements you hear. A friend will agree with you. All expressions are followed by the subjunctive. Follow the model.

MODELO: You read: **dudo que**
               You hear: Rodolfo lee muchos libros.
               You say: *Dudo que Rodolfo lea muchos libros.*
               You hear: Yo también dudo que Rodolfo lea muchos libros.

1. —El avión de Felipe llega a las 3.
    ***
    —De acuerdo, no es probable que el avión de Felipe llegue a las 3.

2. —Carolina no quiere ni refresco ni pizza.
    ***
    —No, no puede ser que Carolina no quiera ni refresco ni pizza.

3. —Las chicas van a estudiar todo el libro.
    ***
    —Sí, es muy dudoso que las chicas vayan a estudiar todo el libro.

4. —La familia Linares llega a Madrid en tren.
    ***
    —Sí, es probable que la familia Linares llegue a Madrid en tren.

5. —Los adultos también se divierten en Disneyworld.
    ***
    —Sí, puede ser que los adultos también se diviertan en Disneyworld.

6. —A Susana le gusta mucho bailar.
   ***
   —De acuerdo, yo también dudo que a Susana le guste mucho bailar.

7. —A Jimena le parece aburrida la película.
   ***
   —Sí, realmente es improbable que a Jimena le parezca aburrida la película.

8. —Dolores traduce todos los libros del escritor.
   ***
   —No, yo no creo que Dolores traduzca todos los libros del escritor.

9. —Los estudiantes conocen al nuevo profesor.
   ***
   —Sí, es posible que los estudiantes conozcan al nuevo profesor.

10. —Mis libros de texto valen una fortuna.
    ***
    —Puede ser que también mis libros de texto valgan una fortuna.

II. **¡Eso es increíble!** React to the statements you hear by expressing your doubt. Use the cues provided and follow the model.

MODELO: You read: **es imposible**
              You hear: María Luisa tiene 15 años.
              You say: *Es imposible que María Luisa tenga 15 años.*
              You hear: Sí, es imposible que María Luisa tenga 15 años.

1. —Estela no sabe leer todavía.
   ***
   —Sí, es increíble que Estela no sepa leer todavía.

2. —Bernardo les dice mentiras a sus amigos.
   ***
   —A mí también me parece increíble que Bernardo les diga mentiras a sus amigos.

3. —El bebé no está dormido todavía.
   ***
   —¡Qué cansancio! No puede ser que el bebé no esté dormido todavía.

4. —Los chicos tienen que hacer 10 tareas esta tarde.
   ***
   —No, no es posible que los chicos tengan que hacer 10 tareas esta tarde.

5. —Todavía está lloviendo.
   ***
   —Sí, es imposible que todavía esté lloviendo.

6. —Los precios suben todos los días.
   ***
   —A mí también me parece imposible que los precios suban todos los días.

7. —La casa de Manuel es más grande que la de Isabel.

***

—No, no es cierto que la casa de Manuel sea más grande que la de Isabel.

8. —Julián es antipático.
   ***

   —No, no es verdad que Julián sea antipático.

9. —El auto de los García cuesta muchísimo dinero.
   ***

   —No me parece posible que el auto de los García cueste muchísimo dinero.

10. —Rosita se va a casar con David.
    ***

    —Estoy de acuerdo, es totalmente imposible que Rosita se vaya a casar con David.

III. **¿Lo crees o no lo crees?** Using the cues provided in parentheses and the verb **creer**, indicate whether or not the statements are true. Another person will react to your statements indicating the opposite opinion. Follow the model.

MODELO: You read: **¿Escribe Lorenzo buenas novelas de misterio? (no)**
You hear: ¿Escribe Lorenzo buenas novelas de misterio?
You say: *No, no creo que Lorenzo escriba buenas novelas de misterio.*
You hear: Tú no crees que Lorenzo escriba buenas novelas de misterio, pero yo creo que sí lo hace.

1. —¿Crees que la biblioteca de la ciudad es buena?
   ***

   —Tú crees que la biblioteca es muy buena, pero yo no creo que lo sea.

2. —¿Son de Gabriela estos discos de salsa?
   ***

   —Tú no crees que estos discos sean de Gabriela, pero yo creo que sí lo son.

3. —¿Crees que Mauricio llegará tarde a casa?
   ***

   —Tú no crees que Mauricio llegue tarde, pero yo creo que sí lo hará.

4. —¿Crees que mañana hará mucho sol?
   ***

   —Tú crees que mañana hará mucho sol, pero yo no creo que lo haga.

5. —¿Viajará Elsa en avión a Bogotá?
   ***

   —Tú no crees que Elsa viaje en avión a Bogotá, pero yo creo que sí lo hará.

6. —¿Vendrá más tarde el médico?
   ***

   —Tú crees que el médico vendrá más tarde, pero yo no creo que lo haga.

7. —¿Será cierto que Cecilia y su marido se ganaron la lotería?
   ***

   —Tú crees que sí es cierto que Cecilia y su marido se ganaron la lotería, pero yo no creo que lo sea.

8. —¿Crees que Belinda se levanta temprano todos los días?
   ***
   —Tú no crees que Belinda se levante temprano, pero yo creo que sí lo hace.

9. —¿Los empleados ponen a tiempo las cartas?
   ***
   —Tú crees que los empleados sí las ponen a tiempo, pero yo no creo que lo hagan.

10.—¿Crees que los médicos atenderán a los enfermos de inmediato?
   ***
   —Tú no crees que los médicos atiendan a los enfermos de inmediato, pero yo creo que sí lo harán.

IV. **El cliente difícil** You are a clerk in a department store in Madrid. One of your customers can't decide what to buy and is therefore very difficult to satisfy. You keep asking questions (using the cues provided) until your customer decides what to buy. Use the structure **un(a)** + *noun* + **que** + *verb;* for example, **un libro que sea interesante.** Follow the model.

MODELO: You read: **un libro que:**
(ser) interesante, ¿verdad?
(tener) dibujos bonitos
entonces, un libro que (estar) bien escrito

You hear: Quisiera comprar un libro.
You say: *Un libro que sea interesante, ¿verdad?*
You hear: Claro, pero no solamente interesante.
You say: *¿Un libro que tenga dibujos bonitos?*
You hear: Por supuesto, también con dibujos bonitos.
You say: *¿Entonces, un libro que esté bien escrito?*
You hear: ¡Exactamente! Quiero un libro que sea interesante, que tenga dibujos bonitos y que esté bien escrito. ¿Puede usted recomendarme alguno?
You say: *Sí, con mucho gusto.*

1. —Quisiera comprar un vestido.
   ***
   —Claro, pero no solamente bonito, sino con un diseño interesante.
   ***
   —Sí, por ejemplo, que tenga lunares negros, pero no solamente eso es importante.
   ***
   —¡Exactamente! Quiero un vestido que sea bien bonito, que tenga lunares negros y materiales de buena calidad. ¿Puede usted enseñarme algunos en talla 32?
   ***

2. —Quisiera comprar unos zapatos.
   ***
   —Sí, de cuero, pero eso no es lo más importante.
   ***
   —Sí, que tengan materiales de calidad, y por favor, no muy caros.
   ***
   —Por supuesto, necesito unos zapatos que cuesten poco. No es necesario que sean de cuero, pero sí de buena calidad. Quisiera probarme algunos pares de zapatos, por favor.
   ***

3. —Quisiera comprar una máquina de escribir.
   ***

   —Claro, que escriba letras españolas, pero que también sea pequeña.
   ***

   —Sí, que sea fácil de transportar y que no sea muy pesada.
   ***

   —¡Exactamente! Necesito una máquina que no pese mucho, que sea fácil de transportar y que escriba letras españolas; es decir, que tenga teclado español. ¿Podría usted mostrarme algunos modelos?
   ***

4. —Quisiera comprar un bus de juguete.
   ***

   —Muy bien, un bus que funcione con baterías.
   ***

   —Sí, por supuesto, es muy entretenido que corra mucho. Pero también quiero que sea pequeño.
   ***

   —Sí, necesito un busecito que sea pequeño, que corra mucho y que funcione con baterías. Es para mi sobrino que cumple años mañana. ¿Puede mostrarme algunos?
   ***

V. **En caso de que...** You are talking to someone who can't find the correct word to complete a sentence. You help this person complete each sentence using the cue provided. Listen for the confirmation and then repeat it.

MODELO: You read: **a menos que la niñera (llegar) pronto**
   You hear: Yo no puedo salir de casa a menos que la niñera...
   You say: *... a menos que la niñera llegue pronto.*
   You hear: Sí, sí. No puedo salir de casa a menos que ella llegue pronto.
   You repeat: *Sí, sí. No puedo salir de casa a menos que ella llegue pronto.*

1. —Mañana salgo para Boston y tengo que llevarme el abrigo en caso de que...
   ***

   —¡Exactamente! Tengo que llevármelo en caso de que llueva en Boston.
   ***

2. —Cuando la mamá compra chocolates, los niños se los comen sin que la mamá...
   ***

   —Claro. Los niños se comen los chocolates sin que ella lo sepa.
   ***

3. —Saldremos muy temprano para San Antonio con tal de que Manuela...
   ***

   —Sí, sí. Saldremos temprano con tal de que ella se levante temprano.
   ***

4. —Tenemos que devolverle los libros a Laura y a Beatriz antes de que ellas...
   ***

   —Sí. Tenemos que devolvérselos antes de que ellas se vayan.
   ***

5. —He escrito de nuevo toda la lección para que los estudiantes...
   ***

   —Sí. La he escrito para que ellos la entiendan mejor.
   ***

6. —No iré al cine esta noche a menos que Juan...
   ***

   —Por supuesto. No iré a menos que él también vaya.
   ***

VI. **Lo haré cuando yo quiera** You are asked about when you or other people are going to do several things. You answer first that you or the person in question will do each thing; for example **sí, yo lo haré; sí, nosotros lo haremos,** etc. Answer the second question using **cuando** + *verb* to explain when. Use the noun or pronoun next to the verb in the cue and follow the model.

   MODELO: You read: **yo (hacerlo)**
   cuando yo (tener) tiempo
   You hear: ¿Tienes que escribir sobre literatura mexicana?
   You say: *Sí, lo haré.*
   You hear: ¿Y cuándo lo harás?
   You say: *Cuando yo tenga tiempo.*
   You hear: Bien, escribirás cuando tengas tiempo.

1. —¿Hablarás con el señor Suárez sobre el contrato?
   ***

   —¿Cuándo lo harás?
   ***

   —Hablarás con él cuando él llegue.

2. —¿Le servirás el desayuno a Gustavo?
   ***

   —¿Cuándo lo harás?
   ***

   —Bien, se lo servirás cuando se levante.

3. —¿Van a llamar los chicos a las amigas esta tarde?
   ***

   —Claro que lo harán, pero ¿cuándo?
   ***

   —Por supuesto, cuando empiece la fiesta.

4. —¿Vendrás tú a visitarnos pronto?
   ***

   —Me encanta que lo hagas. ¿Cuándo?
   ***

   —Cuando puedas, por supuesto, para mí está bien.

5. —¿Vas a leer libros de García Márquez en español?
   ***

   —Lo harás, pero ¿cuándo?
   ***

   —Cuando sepas español, claro.

CAPÍTULO ONCE

El realismo y el idealismo

I. **El condicional** Repeat the sentence you hear, then substitute the noun or subject pronoun given and make the necessary changes in the sentence.

MODELO: You hear: Yo hablaría con el abogado esta tarde.
You say: *Yo hablaría con el abogado esta tarde.*
You hear: tú
You say: *Tú hablarías con el abogado esta tarde.*
You hear: Tú hablarías con el abogado esta tarde.

1. —Los estudiantes tal vez harían la fiesta.
   ***
   —la profesora
   ***
   —La profesora tal vez haría la fiesta.
   —tú
   ***
   —Tú tal vez harías la fiesta.
   —nosotros
   ***
   —Nosotros tal vez haríamos la fiesta.
   —usted
   ***
   —Usted tal vez haría la fiesta.
   —yo
   ***
   —Yo tal vez haría la fiesta.

2. —Luis saldría de casa temprano.
   ***
   —nosotros
   ***
   —Nosotros saldríamos de casa temprano.
   —ustedes
   ***
   —Ustedes saldrían de casa temprano.
   —yo
   ***
   —Yo saldría de casa temprano.
   —los chicos
   ***
   —Los chicos saldrían de casa temprano.
   —tú
   ***
   —Tú saldrías de casa temprano.

3. —¿Irías tú de vacaciones a Panamá?
   ***
   —él
   ***
   —¿Iría él de vacaciones a Panamá?
   —nosotros
   ***
   —¿Iríamos nosotros de vacaciones a Panamá?
   —ustedes
   ***
   —¿Irían ustedes de vacaciones a Panamá?
   —tus amigos
   ***
   —¿Irían tus amigos de vacaciones a Panamá?
   —yo
   ***
   —¿Iría yo de vacaciones a Panamá?

4. —Marta tendría hoy mucho dinero.
   ***
   —los amigos
   ***
   —Los amigos tendrían hoy mucho dinero.
   —yo
   ***
   —Yo tendría hoy mucho dinero.
   —nosotros
   ***
   —Nosotros tendríamos hoy mucho dinero.
   —usted
   ***
   —Usted tendría hoy mucho dinero.
   —tú
   ***
   —Tú tendrías hoy mucho dinero.

5. —Felipe no podría hacer eso nunca.
   ***
   —los niños
   ***
   —Los niños no podrían hacer eso nunca.
   —tú
   ***
   —Tú no podrías hacer eso nunca.
   —nosotros
   ***
   —Nosotros no podríamos hacer eso nunca.
   —usted
   ***
   —Usted no podría hacer eso nunca.
   —yo
   ***
   —Yo no podría hacer eso nunca.

II. ¿Qué dijeron? Manuel has no telephone answering machine, and you have volunteered to take his messages. You write down the messages. When Manuel returns, he asks you what the messages are. Answer his questions. Follow the model.

MODELO: You read: **Mariela: Llamará mañana.**
You hear: ¿Quién llamó?
You say: *Llamó Mariela.*
You hear: ¿Qué dijo Mariela?
You say: *Dijo que llamaría mañana.*
You hear: Dijo que llamaría mañana. Espero que lo haga.

1. —¿Quién llamó?
   ***
   —¿Qué dijo Víctor?
   ***
   —Dijo que vendría a recoger los papeles esta tarde a las 7. Está bien, lo esperaré.

2. —¿Quién más llamó?
   ***
   —¿Qué dijo el médico?
   ***
   —Dijo que podría examinar a la niña el martes. Me parece muy bien.

3. —¿Quién más llamó?
   ***
   —¿Qué dijo Doña Berta?
   ***
   —Dijo que no sería difícil conseguir billetes de tren. ¡Me alegro mucho!

4. —¿Quién más llamó?
   ***
   —¿Qué dijo el jefe?
   ***
   —Dijo que él mismo escribiría el informe. Me parece bien que lo escriba él mismo.

5. —¿Quién más llamó?
   ***
   —¿Qué dijo Juana?
   ***
   —Dijo que ella haría la torta de cumpleaños. ¡Cuánto me alegra!

III. Imagínate Your friend describes to you an imagined situation. Use the cues provided to describe what you would do in such a case. Follow the model.

MODELO: You read: **pedir ayuda**
You hear: Imagínate que vas en tu auto y se acaba la gasolina. ¿Qué harías?
You say: *Pediría ayuda.*
You hear: Si fueras en tu auto y se acabara la gasolina, pedirías ayuda, pero también podrías caminar hasta encontrar un sitio donde vendan gasolina.

1. —Imagínate que pierdes el autobús. ¿Qué harías?
   ***
   —Si perdieras el autobús, te irías en taxi, pero también podrías esperar el autobús siguiente.

2. —Imagínate que un amigo no tiene dinero para el almuerzo. ¿Qué harías?
   ***

   —Si un amigo no tuviera dinero para comprar el almuerzo, le prestarías dinero, pero también podrías darle un poco del almuerzo que compres tú.

3. —Imagínate que ves a dos ladrones entrando por una ventana. ¿Qué harías?
   ***

   —Si vieras a dos ladrones entrando por una ventana, llamarías a la policía. Creo que sería lo mejor.

4. —Imagínate que te llega una carta en un idioma extranjero. ¿Qué harías?
   ***

   —Si te llegara una carta en un idioma extranjero, pedirías una traducción.

5. —Imagínate que un día te despiertas con mucha fiebre. ¿Qué harías?
   ***

   —Si un día te despertaras con mucha fiebre, te quedarías en cama, aunque también podrías llamar al médico.

IV. **¿Cuándo podrías hacerlo?** Answer the questions using the cues provided. Use the pronouns that precede the verbs in the cues. Follow the model.

MODELO: You read: **yo (poder hacerlo) el lunes**
           You hear: Es necesario que hagas el informe. ¿Cuándo puedes hacerlo?
           You say: *Podría hacerlo el lunes.*
           You hear: No me conviene el lunes. Es mejor que lo haga Vicente. Él podría hacerlo mañana.

1. —Hay que pagar las facturas. ¿Cuándo las podrías pagar?
   ***

   —Las podrías pagar poco a poco, sin embargo, debes recordar que los intereses pueden ser muy altos.

2. —Voy a poner el sofá junto a la ventana. ¿Dónde te gustaría ponerlo?
   ***

   —Yo también lo pondría junto a la ventana. ¡Tenemos el mismo gusto!

3. —La secretaria no envió las cartas. ¿Puedes enviarlas tú?
   ***

   —Podrías enviarlas mañana. Entonces envíalas, por favor.

4. —¿Quieres jugar al tenis el sábado?
   ***

   —Ah, te gustaría jugar esta tarde, pero yo solamente podría jugar mañana. ¡Qué lástima!

V. **Las conjeturas** You and a friend speculate about people and events. Answer the questions using the cues provided. Follow the model.

MODELO: You read: **(ser) la esposa de un político**
           You hear: Ayer vino una señora a visitar la escuela. Parecía una persona importante. ¿Quién sería?

You say: *Sería la esposa de un político.*
You hear: No, con seguridad no era la esposa de un político. Tal vez sería la inspectora de escuelas.

1. —Ayer vi a Lorena hablando con un chico guapísimo. ¿Quién sería?
   ***
   —Sí, sería su novio o posiblemente un amigo.

2. —¿Viste a la bailarina que bailó en el teatro? ¿Qué edad tendría?
   ***
   —Sí, tendría unos veinte años nada más.

3. —Liliana estaba llorando cuando la vi ayer. ¿Qué le pasaría?
   ***
   —Sí, probablemente estaría triste.

4. —Esta traducción está pésima. ¿Quién la traduciría?
   ***
   —Tienes toda la razón, la traduciría un mal traductor.

5. —Eduardo parecía estar muy cansado ayer en clase. ¿Qué tendría?
   ***
   —Sí, tal vez tendría un resfriado.

VI. **La cortesía** Use courteous expressions and the cues provided to ask questions. Pay attention to the forms of address. You will be using either **usted, tú,** or an impersonal expression such as **se permite.** Use the pronouns that follow the verbs in the cues. Follow the model.

MODELO: You read: **¿(prestarme) tú / algunas?**
   You hear: Tengo muchísimas fotonovelas en casa.
   You say: *¿Me prestarías algunas?*
   You hear: Sí, con mucho gusto te las prestaré.

1. —No creo que sea posible darle una cita hoy mismo.
   ***
   —Sí, sería posible darle una cita el jueves. Con gusto se la daremos.

2. —Es posible que no haya billetes para el tren de las 2.
   ***
   —Sí, podría comprarlos. Creo que para el tren de las 4 todavía hay billetes.

3. —Lo siento, en este vagón no se permite fumar.
   ***
   —No, lo lamento, no se permite fumar en ningún vagón del tren.

4. —Hoy no puedo ayudarte a hacer tus tareas.
   ***
   —Sí, mañana te ayudaré con mucho gusto.

5. —Creo que voy a regalar algunos de mis libros de novelas.
   ***
   —Por supuesto que sí, te regalaré algunos.

El realismo mágico

I. **¿Qué dijeron?** You will hear seven sentences adapted from Gabriel García Márquez's passage **El bloque de hielo,** which you have read in your textbook. Complete the sentences with the verbs you hear.

1. Las cosas no tenían nombre, y para que la gente las reconociera, las tenían que señalar con el dedo.

2. El padre de Aureliano Buendía quería llevarlo a la feria para que conociera el hielo.

3. Su padre lo llevaba de la mano porque no quería que Aureliano se perdiera en el tumulto.

4. Aureliano y su hermano habían insistido en que su padre los llevara a conocer la portentosa novedad.

5. El gigante le dijo a José Arcadio que era necesario que le diera cinco reales más para que pudiera tocar el hielo.

6. José Arcadio pagó otros diez reales para que los niños pudieran vivir también la prodigiosa experiencia.

7. Con la mano puesta sobre el hielo, como si estuviera expresando un testimonio, dijo José Arcadio que ese era un gran invento.

II. **Imperfecto de subjuntivo** Repeat the sentences you hear, then make substitutions using the cues given. Follow the model.

MODELO: You hear: Era poco probable que yo pudiera llegar temprano.
               You repeat: *Era poco probable que yo pudiera llegar temprano.*
               You hear: tú
               You say: *Era poco probable que tú pudieras llegar temprano.*
               You hear: Era poco probable que tú pudieras llegar temprano.

1. —Los libros están traducidos para que todos los entiendan.
   ***
   —yo
   ***
   —Los libros están traducidos para que yo los entienda.
   —nosotros
   ***
   —Los libros están traducidos para que nosotros los entendamos.
   —ustedes
   ***

—Los libros están traducidos para que ustedes los entiendan.
—tú
***

—Los libros están traducidos para que tú los entiendas.
—los estudiantes
***

—Los libros están traducidos para que los estudiantes los entiendan.

2. —Fue imposible que Celina tomara el avión ayer.
***

—yo
***

—Fue imposible que yo tomara el avión ayer.
—nosotros
***

—Fue imposible que nosotros tomáramos el avión ayer.
—usted
***

—Fue imposible que usted tomara el avión ayer.
—tú
***

—Fue imposible que tú tomaras el avión ayer.
—los turistas
***

—Fue imposible que los turistas tomaran el avión ayer.

3. —Era posible que la profesora estuviera mal ayer.
***

—nosotros
***

—Era posible que nosotros estuviéramos mal ayer.
—los chicos
***

—Era posible que los chicos estuvieran mal ayer.
—tú
***

—Era posible que tú estuvieras mal ayer.
—usted
***

—Era posible que usted estuviera mal ayer.
—yo
***

—Era posible que yo estuviera mal ayer.

4. —Yo quisiera comprar una buena novela.
***

—tú
***

—Tú quisieras comprar una buena novela.
—nosotros
***

—Nosotros quisiéramos comprar una buena novela.
—usted
***

—Usted quisiera comprar una buena novela.
—los estudiantes
***
—Los estudiantes quisieran comprar una buena novela.
—ella
***
—Ella quisiera comprar una buena novela.

5. —Fue muy bueno que Vicente viniera a Madrid.
***
—usted
***
—Fue muy bueno que usted viniera a Madrid.
—nosotros
***
—Fue muy bueno que nosotros viniéramos a Madrid.
—los amigos
***
—Fue muy bueno que los amigos vinieran a Madrid.
—yo
***
—Fue muy bueno que yo viniera a Madrid.
—tú
***
—Fue muy bueno que tú vinieras a Madrid.

III. **Me dijeron que lo hiciera** One of your friends wonders about the reasons for your activities. Use the cues provided to explain who has asked you to get involved in these activities. Then explain why. Follow the model.

MODELO: You read: **mis padres me pidieron que yo (quedarme)**
para que yo (cuidar) al bebé
You hear: ¿Por qué vas a quedarte en casa todo el día?
You say: *Porque mis padres me pidieron que me quedara.*
You hear: ¿Para qué te pidieron que te quedaras?
You say: *Para que cuidara al bebé.*
You hear: Ya comprendo, te pidieron que cuidaras al bebé.

1. —¿Por qué vas a estudiar todo el fin de semana?
***
—¿Y por qué te dijo ella que estudiaras?
***
—Ya entiendo, te lo dijo para que sacaras mejores notas.

2. —¿Por qué vas a regresar tan temprano de la fiesta esta noche?
***
—¿Y por qué te aconsejó Violeta que regresaras tan temprano?
***
—Entiendo, entiendo, para que tú pudieras tomar el último autobús a casa.

3. —¿Por qué vas a cenar en el restaurante Mar Azul esta noche?
***
—¿Y por qué te lo sugirieron tus amigos?

***

—Buena idea, te lo sugirieron para que probaras el pescado tan bueno que sirven allí.

4. —¿Por qué vas a leer toda la novela de Don Quijote?
***

—¿Y por qué te recomendó él que la leyeras?
***

—Claro, para que conocieras mejor la literatura española.

IV. Lo haré con una condición You are asked whether you believe someone would do something. Answer explaining the conditions under which you think it would happen. Use the cues provided and follow the model.

MODELO: You read: **si ustedes (ayudarle), tal vez él (terminarlo)**
You hear: ¿Sabes si Carlos podría terminar el libro pronto?
You say: *Si ustedes le ayudaran, él tal vez lo terminaría pronto.*
You hear: Tú crees que lo terminaría pronto si nosotros le ayudáramos. Muy bien, entonces le ayudaremos.

1. —¿Crees que Liliana iría al partido de fútbol de mañana?
***

—Liliana iría si yo la invitara, dices tú. Pues, entonces, la invitaré al partido.

2. —A Vicente le encantan las presentaciones teatrales. ¿Tal vez querría ir conmigo?
***

—¿Si yo le regalara la entrada a Vicente, él iría? Entonces le daré una entrada de inmediato.

3. —Doña Mariela no compraría un coche tan caro como el de Bernardo. ¿No crees?
***

—Tienes razón. Si ella tuviera tanto dinero como Bernardo, lo compraría.

4. —¿Te casarías conmigo?
***

—Si yo te quisiera tanto como tú a mí, te casarías conmigo. Entonces, ¡casémonos porque yo te quiero!

5. —Quisiera invitarte a cenar. ¿Aceptas?
***

—Has dicho que aceptarías si tuvieras más tiempo, pero creo que la razón es que no quieres ir a cenar.

V. Las condiciones You are told the possible consequence of a conditional situation. Using the cue provided, complete the sentence stating the condition. Follow the model.

MODELO: You read: **si (ser) cierto lo que dices**
You hear: El problema sería muy grave,...
You say: *... si fuera cierto lo que dices.*
You hear: Sí, si fuera cierto lo que dices, el problema sería muy grave.

1. —Juana trabajaría más,...

***

—Sí, si su jefe le pagara mejor, Juana trabajaría más.

2. —El médico iría inmediatamente,...
   ***
   —Sí, si el médico supiera que es necesario, él iría inmediatamente.

3. —Yo te serviría un plato delicioso,...
   ***
   —Sí, si te gustaran las espinacas, yo te serviría un plato delicioso.

4. —Podríamos viajar a las playas,...
   ***
   —Sí, si hiciera sol durante las vacaciones, podríamos viajar a las playas.

5. —Me encantaría ir al cine contigo,...
   ***
   —Sí, si tú quisieras, me encantaría ir al cine contigo.

VI. **¿Qué harías si... ?** Use the cues provided to explain what you and your friends would do if you could choose freely among any number of alternatives. Use the appropriate verb forms to express your wishes, and follow the model.

MODELO: You read: **yo (ser) médico**
You hear: ¿Qué harías tú en el futuro, si tú pudieras elegir libremente?
You say: *Sería médico en el futuro, si yo pudiera elegir libremente.*
You hear: Tú serías médico, si pudieras elegir libremente.

1. —¿Qué harían Mario y Juana, si ellos pudieran elegir libremente?
   ***
   —Mario y Juana viajarían a países exóticos, si ellos pudieran elegir libremente.

2. —¿Qué haría Gabriela en el futuro, si ella pudiera elegir libremente?
   ***
   —Gabriela sería cantante de ópera en el futuro, si ella pudiera elegir libremente.

3. —¿Qué haría la familia Buendía, si ellos pudieran elegir libremente?
   ***
   —La familia Buendía viviría en la Argentina, si ellos pudieran elegir libremente.

4. —¿Qué harían Vicente y Manuela ahora, si ellos pudieran elegir libremente?
   ***
   —Vicente y Manuela estarían ahora en las playas de Acapulco, si ellos pudieran elegir libremente.

5. —¿Qué haría Santiago mañana, si él pudiera elegir libremente?
   ***
   —Santiago se iría mañana a conocer el mundo, si él pudiera elegir libremente.

Aquí llegamos

I. **Francisca**   Listen to the story about Francisca's experience, then complete the sentences based on what you hear. The text will be read twice.

Francisca

Francisca se encontraba muy incómoda. Sentía como si las paredes de su habitación estuvieran moviéndose hacia ella. Escuchaba vagamente las voces de algunas personas a su alrededor. Las palabras le llegaban a los oídos con el mismo sonido de una mosca en pleno vuelo. Intentaba comprenderlas, pero no entendía nada, parecían sonidos de un idioma extranjero. Francisca intentó abrir los ojos para darse cuenta de si estaba dormida o despierta, pero no lo consiguió, sentía que los párpados le pesaban como si fueran de plomo. El murmullo que le llegaba desde lejos le fue llegando más y más claramente. Era como si la mosca que sentía en los oídos hubiera aprendido a volar mejor. Hizo un esfuerzo sobrehumano y escuchó a lo lejos una voz metálica que hablaba sobre el terrible accidente de Francisca Linares.

II. **Amistades y conocidos**   Listen to Carmen's story, in which she mentions four people. She knows two of them personally and she would like to get acquainted with the other two. Decide whom she knows.

Un novio secreto

Yo tengo muchos amigos y conocidos. Me han hablado de un chico que es muy simpático y bastante inteligente que se llama Pedro. Ojalá pudiera conocerlo, pero como estudia en otra escuela de la ciudad, no creo que yo tenga muchas oportunidades de conocerlo. Le pediré a mi amiga Alicia, quien conoce muy bien a Pedro, que me invite a alguna fiesta a la que Pedro vaya a ir. Pedro es primo de Julio, el novio de Alicia. Ella y Julio se quieren mucho, pero solamente yo lo sé porque no quieren que nadie más se entere, especialmente Isabel, la esposa de Julio. Es improbable que yo llegue a ver a Isabel algún día porque ella vive bastante lejos del centro de la ciudad y trabaja en una empresa cerca de su casa.

Espero que hayas entendido esta historia y que ya sepas cuáles son las personas que conozco y las que no conozco.

III. **Yo quisiera...**   Don Lorenzo is talking about life and literature. As you listen, select the correct answer to each question. You will hear the text twice.

Yo quisiera

Mi amor por la literatura empezó cuando yo era muy pequeño y mi madre me leía historias antes de que me durmiera. Yo soñaba despierto y me preguntaba: ¿Cuándo podré leer todos estos libros? ¿Cuándo aprenderé a leer? Y a los cinco años, antes de empezar en la escuela, aprendí a leer. Desde entonces he leído obras de todos los escritores españoles y latinoamericanos que han ganado el Nobel de literatura.

Una de las obras que más me gusta es *Cien años de soledad*, de García Márquez. El pasaje que más me gusta de esa novela es cuando José Arcadio Buendía lleva a sus hijos a conocer el hielo. Es lógico que el hielo fuera un portento en una región tropical como lo era aquélla. También me gustan Carlos Fuentes y Camilo José Cela, aunque son escritores muy diferentes. Poesía no leo mucho, pero me gustaría conocer bien la obra de Gabriela Mistral.

He leído mucha literatura en mi vida, pero quisiera leer todavía mucha más. Lo haría, si mis ojos fueran todavía jóvenes. Actualmente, es mi nietecita, Lucila, quien me lee los periódicos, las revistas y los libros que me interesan. A veces me lee también algunas de las fotonovelas que más les gustan a las chicas de su edad. Como no puedo distinguir las caras de los actores, ella me las describe con todos los detalles. Me las describe tan bien, que yo siento como si estuviera viendo a los actores con mis propios ojos.

A ti, que me estás escuchando, te recomiendo que leas toda la literatura que puedas, antes de que, como yo, tengas que pedir ayuda para leer lo que te gusta.

IV. **Rompecabezas** You will hear a phrase that describes a situation that is unlikely to happen, a wish, or an event that depends upon some condition. Match the phrase you hear with one of the clauses below by writing the appropriate letter in the blank. The correct answers will follow.

1. —Los estudiantes que más estudien...
2. —... si tuviera mucha pimienta.
3. —Si mi familia se ganara la lotería...
4. —... tendrías que llevar un buen abrigo.
5. —Podríamos comprar la casa de nuestros sueños...
6. —Si la chica no tiene fiebre...
7. —... si no hace buen tiempo.
8. —... que sepa mucho sobre literatura.

Now listen to the correct answers.

1. —Los estudiantes que más estudien serán los que obtengan mejores notas en los exámenes.
2. —Yo probaría el plato de carne si tuviera mucha pimienta.
3. —Si mi familia se ganara la lotería, no tendríamos preocupaciones económicas.
4. —Si tú fueras a Chicago en invierno tendrías que llevar un buen abrigo.
5. —Podríamos comprar la casa de nuestros sueños si tuvieramos dinero suficiente.
6. —Si la chica no tiene fiebre no tendremos que llamar al médico.
7. —No podremos ir a la playa si no hace buen tiempo.
8. —Me gustaría conversar con una persona que sepa mucho sobre literatura.

TEACHER TAPESCRIPT AND ACTIVITIES

PRIMERA UNIDAD

CAPÍTULO UNO

Pre-chapter activity
The tape segment for this chapter is a transaction between client and clerk in a men's clothing store. The vocabulary is primarily related to the second *etapa* of the chapter.

Tell students:
You are about to hear a transaction of some kind. Listen carefully and try to figure out: 1. who the two people involved are, and 2. what item is being discussed. As you listen jot down any key words you identify that relate to the item.

Ask students:
1. what the transaction is *(a purchase)*.
2. what item is being discussed *(a tie)*.
3. what key words they identified that describe the tie the man purchases *(rojo, lana)*.

Cliente: Buenas tardes, señorita.
Cajera: Buenas tardes, caballero. ¿En qué puedo servirle hoy?
Cliente: Mira, acabo de comprar estos pantalones y esta camisa de algodón. Busco una corbata que le haga juego.
Cajera: Estos pantalones y esta camisa son preciosos. Vamos a ver si podemos encontrar algo que le haga juego. ¿Tiene algún color preferido?
Cliente: Sí. Me encanta el rojo.
Cajera: Pues, aquí tenemos unas corbatas de seda preciosas. ¿Qué le parece esta que es roja con lunares blancos?
Cliente: Busco algo más conservador.
Cajera: Bueno, pues por aquí tenemos unas corbats do algodón que son muy bonitas. ¿Tiene usted...? ¿Es para alguna ocasión especial?
Cliente: Sí. Salgo esta noche con mi novia. Vamos a un restaurante muy elegante.
Cajera: ¡Qué romántico! ¿Qué le parece esta corbata de lana roja?
Cliente: ¡Sí, me gusta muchísimo!
Cajera: ¿Y, no necesita algún accesorio para ir con esta corbata, por ejemplo, un pañuelo?
Cliente: No, gracias. Me quedo con la corbata. ¿Cuánto vale?
Cajera: Son quinientas pesetas.
Cliente: Me la llevo. Aquí tiene.
Cajera: ¡Fantástico... y que se lo pase muy bien esta noche!

Post-chapter activity
Before playing this segment for students the second time, write the following outline on the board:

1. Lo que compró el hombre antes de venir a la tienda:
2. Lo que compra el hombre en la tienda y cuánto cuesta:
3. Lo que va a hacer el hombre esta noche:

Have students take notes as they listen for the missing information.

Ask students:

1. ¿Qué compró el hombre antes de venir a la tienda? *(unos pantalones y una camisa de algodón)*
2. ¿Qué compra el hombre en la tienda y cuánto paga? *(Compra una corbata por 500 pesetas.)*
3. ¿Qué va a hacer el hombre esta noche? *(Va a ir a un restaurante muy elegante con su novia.)*

Bonus question:
¿Cómo eran la corbata que el hombre rechazó? *(una corbata de seda roja con lunares blancos)*

As a follow-up activity, have students imagine in detail the rest of the man's outfit for his evening out with his fiancée. Have them describe what he will wear with his new tie, shirt and pants.

CAPÍTULO DOS

Pre-chapter activity
The tape segment for this chapter is two people discussing where to go for dinner and what they want to eat. The vocabulary is primarily related to the first *etapa* of the chapter.

Tell students:
You are about to hear a conversation between two people trying to decide where and what to eat. Write down five different types of ethnic restaurants, then listen to see if any of your guesses are mentioned in the conversation. Be sure to write down the kinds of restaurants that are mentioned.

Ask students:

1. what ethnic restaurants are mentioned *(Chinese, French, Italian)*
2. where the two people finally decide to go *(to an Italian restaurant)*

Benjamín: Marisa, ¡tengo tanta hambre! ¿Por qué no cocinas?
Marisa: Ay,... la verdad no me apetece cocinar. ¡Pero, tengo tanta hambre que me podría comer un toro!
Benjamín: ¿Por qué no comemos fuera?
Marisa: ¡Muy bien! ¿Qué te parece si comemos en un chino?
Benjamín: No,... comimos chino ayer.
Marisa: La verdad es que tengo ganas de comer en un restaurante francés.
Benjamín: ¡Me encanta la comida francesa! Pero es muy caro.
Marisa: Bueno, ¿y qué te parece un restaurante italiano?
Benjamín: ¿Italiano?... Sí, pero no pasta.
Marisa: Bueno,... una pizza.
Benjamín: ¿Pizza?... Bueno. ¿Y de aperitivo?
Marisa: Mm,... ¿Te parece bien pan de ajo?
Benjamín: Bueno,... y una sopa.
Marisa: ¡Vale!
Benjamín: Tú pagas la cuenta.
Marisa: Bueno. Vamos.
Benjamín: Vamos.

Post-chapter activity
Before playing this segment for the students the second time, ask the class as a whole to try to recall (or brainstorm) the various decisions that have to be made when people decide it's time to eat. Write down the categories (whether to eat out or in, what kind of a restaurant to go to, what to order, who will pay) on the board. Then, as students listen, have them fill in the information provided in each of the categories.

Ask students:

1. ¿Marisa y Benjamín van a comer en casa o ir a un restaurante? *(ir a un restaurante)* ¿Por qué? *(porque a Marisa no le apetece cocinar)*

2. ¿A qué tipo de restaurante van a ir? *(un restaurante italiano)*
3. ¿Que van a pedir? *(pizza, pan de ajo, sopa)*
4. ¿Quien va a pagar? *(Marisa)*

Bonus question:
¿Por qué no van a ir a un restaurante chino o francés? *(Benjamín comió chino ayer; la comida francesa es demasiada cara.)*

As a follow-up activity have students write a dialogue that they would have with their best friend if they were trying to decide where to eat. Encourage students to be honest and as creative or humorous as possible.

CAPÍTULO TRES

Pre-chapter activity
The tape segment for this chapter is two people in a restaurant discussing the food that has just been brought to them. The vocabulary is primarily related to the second *etapa* of the chapter.

Tell students:
Close your eyes and imagine you are in a restaurant. The waiter has just brought you and your friend your food. What kinds of things might you say about the food? (Write down students' suggestions on the board: for example, asking what the dish is, what's in it, if it's good, if they can taste it, how much it was, if it's spicy, salty, etc.). Now listen to the tape segment and check off the types of comments that are mentioned. Also, write down the names of the four dishes that are mentioned.

Ask students:
1. what kind of comments Lorena and José make *(they discuss what each ordered, they ask how the dishes are, they ask if they can try the dishes, they discuss how to improve the taste of the clams and chicken)*.
2. what are the four dishes that José and Lorena ordered *(enchiladas verdes, carne asada, pechuga de pollo, camarones)*.

Lorena: Ay, José, ¡cuánta comida nos han traído a la mesa! Tú, ¿qué has pedido?
José: Pues, yo pedí enchiladas verdes y carne asada. ¿Y tú?
Lorena: Yo pedí la pechuga de pollo y unos camarones. ¿Qué tal están tus enchiladas?
José: Uy,... todo está buenísimo.
Lorena: A ver, ¿me dejas probar?
José: ¡Claro! ¡Ándale!
Lorena: Pues, tiene mucha razón. Tus platos están muy sabrosos. Sin embargo, mis camarones no tienen mucho sabor.
José: Pues, échale algo de picante.
Lorena: Sí, a veces alegran un poco así.
José: A ver, yo pruebo... Un poco más de sal.
Lorena: Prueba la pechuga a ver qué te parece.
José: No sabe a nada. Echémosle algo de dulce, algo de picante, y así estoy seguro que tendrá muy buen sabor.

Post-chapter activity
Before playing this segment for students for the second time, tell them to imagine they are restaurant critics who must write a review of the restaurant discussed in the tape segment. Unfortunately, they have come down with the flu at the last minute and had to send their good friends José and Lorena to check out the restaurant instead. On the board draw the following grid and tell students to fill it out, based on the comments of José and Lorena:

PLATO	¿CÓMO ES?	¿QUÉ SE NECESITA AÑADIR PARA HACERLO MEJOR?
1.		
2.		
3.		
4.		

Ask students:

1. ¿Cuál es el primer plato que se menciona? *(enchiladas verdes)* ¿Qué tal están? *(buenísimas, sabrosas)* ¿Hay que añadir algo para hacerlos mejor? *(no)*
2. ¿Cuál es el segundo plato que se menciona? *(carne asada)* ¿Qué tal está? *(buenísima, sabrosa)* ¿Hay que añadir algo para hacerla mejor? *(no)*
3. ¿Cuál es el tercer plato que se menciona? *(pechuga de polla)* ¿Qué tal está? *(No sabe a nada).* ¿Hay que añadir algo para hacerlo mejor? *(Sí, algo de dulce y algo de picante)*
4. ¿Cuál es el cuarto plato que se menciona? *(camarones)* ¿Qué tal están? *(No tienen mucho sabor).* ¿Hay que añadir algo para hacerlo mejor? *(Sí, algo de picante, un poco más de sal)*

Bonus question:
En este restaurante, ¿sirven porciones pequeñas, normales o grandes? *(grandes)*

As a follow-up activity have students write a brief review of the restaurant, based on the information they collected in the chart. They can give the restaurant a name and assign it one to five forks based on the overall quality.

Unit extension activities: Have students break into small groups. Together they should pick a celebrity and make plans to give him or her a "makeover" including a new outfit. As a group they should write a detailed list of what articles of clothing they would buy in order to create the celebrity's new image. Encourage students to provide as much detail as possible and to embellish their descriptions with drawings when possible. Have groups present their plans to the entire class, then vote for the best presentation.

Tell students that they are making plans for opening a new restaurant near their school or home. Their plan is to make it as different and distinctive from existing restaurants as possible. Give students five minutes to jot down ideas about what kind of a restaurant they would like to open (what kind of food, what dishes that they would serve, price range, size, decor, etc.) Then tell them that they would need a business partner and must interview as many other students as necessary before they find someone whose ideas are compatible with their own. Give students 10-15 minutes to conduct interviews. Then call time and tell students that they need to choose a partner. Finally, have pairs of partners revise their original ideas and create a plan that incorporates both their points of view.

SEGUNDA UNIDAD

CAPÍTULO CUATRO

Pre-chapter activity
The tape segment for this chapter is two friends calling a third to make plans to go to a movie and dinner. The vocabulary is primarily related to the second *etapa* of the chapter.

Tell students:
You are about to hear a telephone conversation between two friends. Listen carefully and try to figure out: 1. why Rosa is calling Rolando, 2. why Rosa is confused during the first part of the conversation, and 3. what plans Rosa and Rolando finally agree upon.

Ask students:
1. why Rosa is calling Rolando *(to invite him to go to the movies and out to eat).*

2. why Rosa is confused during the first part of the conversation (*although she is speaking with Rolando he is teasing her and pretending that it's not him*).
3. what plans Rosa and Rolando finally agree upon (*Rolando will go to the movies and out to eat with them*).

Rosa:	Bueno, Martín, ¿vamos a ir al cine?
Martín:	Sí, de acuerdo. Creo que es una buena idea.
Rosa:	¿Qué te parece si comemos algo antes del cine?
Martín:	Bueno, eh... ¿Por qué no invitamos a Rolando?
Rosa:	Ah, vale. Le voy a llamar. ¿Tienes el número?
Martín:	Eh,... No tengo el número, pero es el mismo código territorial.
Rosa:	Ah, mira, lo tengo yo aquí. Ahora marco.
Rolando:	¿Diga?
Rosa:	¿Rolando?
Rolando:	¿Quién habla, por favor?
Rosa:	¿Quisiera hablar con Rolando Pérez?
Rolando:	No, lo siento. Tiene un número equivocado.
Rosa:	Eh,... bueno, pero no es posible.
Martín:	¿Qué está pasando?
Rosa:	Parece ser que no es Rolando.
Rolando:	¡Rosa, no vayas a colgar, que soy yo!
Rosa:	¡Oh,... Rolando, hola! ¿Qué tal?
Rolando:	¡Te estaba tomando el pelo!
Rosa:	Ya veo, ya. Oye, mira, te llamábamos Martín y yo para ver si quieres ir al cine.
Rolando:	¡Oh, cómo no! ¡Estupendo!
Rosa:	¿Y a comer antes del cine?
Rolando:	Me encantaría, pero tengo una cita con Andrés.
Rosa:	Oh, muy bien. Pues, ¿qué te parece si...? Bueno, tu no vienes a comer con nosotros, pero nos encontramos en la puerta del cine.
Rolando:	Me parece excelente.
Martín:	Es una película de vaqueros.
Rosa:	Dice Martín que es una película de vaqueros.
Rolando:	Sabes... yo creo que prefiero cenar con ustedes. Voy a llamar a Andrés y dejarle un recado.
Rosa:	Ah, vale,... muchas gracias.
Rolando:	Nos vemos.
Rosa:	Vale,... adiós.
Rolando:	Adiós.

Post-chapter activity
Before playing this segment for students the second time, write the following on the board:

an expression used to issue an invitation:
an expression used to answer the phone:
an expression used to say someone has the wrong number:
an expression used to say that the person was just kidding:
an expression used to decline an invitation:

Tell students that they should jot down each of the expressions indicated as they listen to the segment, as well as listening again for general content.

Ask students:
1. ¿Qué expresiones usan para hacer una invitacion? (*¿Vamos al cine? Te llamábamos para ver si quieres ir al cine?*)
2. ¿Para contestar el teléfono? (*¿Diga?*)
3. ¿Para decir que alguien ha marcado mal? (*Lo siento. Tiene un número equivocado.*)

4. ¿Para decir que alguien no hablaba en serio? *(Te estaba tomando el pelo.)*
5. ¿Para decir no a una invitación? *(Me encantaría, pero tengo una cita con Andrés.)*
6. ¿Dónde van a encontrarse Rosa, Martín y Rolando? *(en la puerta del cine)*
7. ¿Cómo va a informar Rolando a Andrés que le ha cambiado los planes? *(Va a dejarle un recado.)*

Bonus question:
¿Qué tipo de película van a ver? *(una película de vaqueros)*

As a follow-up activity, have students write the note that Rolando is going to leave for Martín.

CAPÍTULO CINCO

Pre-chapter activity
The tape segment for this chapter is a woman asking questions and making arrangements with an agent at the train station. The segment draws upon vocabulary from both *etapas* of the chapter.

Tell students:
You are about to hear a conversation between two people. Try to figure out: 1. who is having the conversation, and 2. for what pieces of information the first person asks the second person (there are five).

Ask students:
1. who the two people in the conversation are *(a woman meeting a friend at the train station, a ticket agent at the train station).*
2. what five pieces of information the woman requests *(what time the train from Madrid is due, how late it is, at what platform should she wait, where the cafeteria is, and if she could reserve a seat for her friend on the reserve train).*

Mujer: ¡Oiga! ¿Por favor, me dice a qué hora llega el tren de Madrid? Estoy esperando un amigo muy especial.
Dependiente: Un momento, por favor... Normalmente, el tren llega a las cuatro de la tarde, pero acaban de anunciar que llega retrasado.
Mujer: ¿Y cuánto tiempo de retraso lleva?
Dependiente: Eh,... solamente hora y media.
Mujer: Uy,... ¿tan tarde va a llgar hoy? ¿Y en qué andén tengo que esperar?
Dependiente: En el andén B, que queda a este lado. Mientras tanto, puedes esperar en la cafetería.
Mujer: ¡Qué buena idea! ¿Y donde está la cafetería?
Dependiente: Queda al final de este andén.
Mujer: ¿Sería posible reservar una plaza en el tren de vuelta?
Dependiente: No hay problema. Hay muchas plazas disponibles. ¿Qué día prefiere viajar su amigo?
Mujer: El domingo de la semana que viene; pues, mi amigo tiene que volver al trabajo para entonces.
Dependiente: ¿Y, a qué hora?
Mujer: Pues, por la tarde mejor. Así, no nos tenemos que despertar muy temprano.
Dependiente: ¿Sería un vagón de primera o segunda clase?
Mujer: Como mi amigo es casi millonario, ¿por qué no me da usted un billete de primera clase, por favor?
Dependiente: Domingo, cuatro de febrero, a la una de la tarde, en primera clase. Vagón número tres.
Mujer: ¡Estupendo! Ha sido usted una gran ayuda y ha sido muy amable conmigo. Muchas gracias.
Dependiente: De nada, señorita. Disculpe el retraso.

Post-chapter activity
Before playing this segment for students the second time, photocopy the card below and give a copy to each student to fill in while listening to the tape.

Normalmente, el tren de _____ llega a las _____

de la tarde.

Hoy llega a las _____ de la tarde.

El tren llega al andén _____ que queda _____

La cafetería está _____

La mujer dice que su amigo quiere viajar el día _____ de la

semana que viene. Quiere viajar en _____ clase. El agente le da

una reserva para _____, el _____ de febrero, a

_____ de la tarde, vagón número _____.

Ask students:
1. ¿A qué hora normalmente llega el tren de Madrid? *(a las cuatro)*
2. ¿Cuándo llega hoy? *(a las cinco y media)*
3. ¿A qué andén llega el tren? *(andén B)*. ¿Dónde queda? *(a este lado)*
4. ¿Dónde está la cafetería? *(al final de este andén)*
5. ¿Cuál día de la semana quiere viajar su amigo? *(domingo)*
6. ¿En qué clase quiere viajar su amigo? *(primera)*
7. Da los detalles de la reservación. *(domingo, el cuatro de febrero, a la una de la tarde, vagón número tres)*.

Bonus question:
¿Por qué puede gastar el dinero extra para viajar en primera clase el amigo de la mujer? *(es casi millonario)*

As a follow-up activity, have students work in pairs. Tell them that now that the woman's friend has arrived, his plans have changed: he needs to return on a different day and time and his company has just gone bankrupt, so he needs a cheaper ticket. Have students role play the scene, supplying the necessary information and changing the travel arrangements.

CAPÍTULO SEIS

Pre-chapter activity
The tape segment for this chapter is a husband and wife reporting lost luggage at the airport. The vocabulary is primarily related to the second *etapa* of the chapter.

Tell students:
You are about to hear a husband and wife report the loss of suitcase to an airlines employee. As you listen fill out the following report with the missing information.

```
┌─────────────────────────────────────────────────────────────────────┐
│                                                                       │
│   TIPO DE EQUIPAJE PERDIDO: _____ │
│                                                                       │
│   IDENTIFICACIÓN: _____ SÍ      _____ NO                            │
│                                                                       │
│   COLOR: _____  TAMAÑO: _____ │
│                                                                       │
│   MATERIAL: _____  CONTENIDO: _____ │
│                                                                       │
│   _____ │
│                                                                       │
└─────────────────────────────────────────────────────────────────────┘
```

Ask students:
1. what type of luggage was lost *(a suitcase)*.
2. if it had identification *(yes, the husband's name and address)*.
3. what color is it *(yellow)*.
4. what size is it *(medium — not very big, not very small)*
5. what material it is made of *(leather)*.
6. what it contained *(money — $500 — and credit cards, tickets, passport, visa, tennis raquet)*.

Rosalinda: ¡Mira, Hortensio! ¡Por allí vienen las maletas!
Hortensio: Bueno, yo ya tengo la grande roja y la chiquita verde de piel. ¿Dónde está la otra?
Rosalinda: ¿Cuál? ¿La amarilla?
Hortensio: Sí, pero,... ¿Rosalinda, no la tienes?
Rosalinda: Yo no la tengo. Yo no la facturé.
Hortensio: Pero,... ¿cómo así? Si allí es donde están los boletos. Allí está el pasaporte, la visa y mi raqueta de tenis.
Rosalinda: Pero, bueno,... vamos a ver. ¿No facturaste tú esa maleta?
Hortensio: Tú me dijiste que tú la facturaste, mientras que yo cambiaba el neumático en la carretera.
Rosalinda: Entonces, ¿la maleta tiene identificación o no tiene identificación?
Hortensio: Pero, claro que tiene identificación. Tiene mi nombre y dirección.
Rosalinda: Bueno, ¿qué vamos a hacer ahora?
Hortensio: Rosalinda, vamos a hablar con el agente de reclamo de equpajes.
Rosalinda: Vamos... Hola, buenas tardes.
Agente: Sí, señores, ¿en qué puedo servirles?
Rosalinda: Mire, aquí mi marido Hortensio ha perdido una maleta.
Hortensio: No, un momentico. Rosalinda ha perdido la maleta.
Agente: Bueno, ¿está facturada la maleta, señores?
Hortensio: Pero, por supuesto. Tiene mi nombre e identificación.
Agente: Muy bien. Un momentito, por favor. A ver, ¿de qué color es la maleta?
Rosalinda: Amarilla.
Agente: ¿Y de qué tamaño, más o menos?
Hortensio: Bueno,... No es muy grande, pero tampoco es muy pequeña.
Agente: ¿Y,... es de tela o de plástico?
Hortensio: ¿La maleta?
Rosalinda: La maleta es de cuero.
Agente: Es de cuero. Muy bien. ¿Y lleva la maleta alguna identificación?
Hortensio: Pues, como le dije, señor, Rosalinda misma lo escribió.
Rosalinda: Tiene el nombre de mi marido y nuestra dirección.
Agente: Muy bien. Entonces, por favor, llenen este formulario y luego yo me encargo de buscar su maleta.

Rosalinda: Muy bien, muchísimas gracias.
Hortensio: Rosalinda, ¿el dinero?
Rosalinda: ¡Oh,... en la maleta también tenemos dinero!
Agente: ¿Mucho dinero?
Rosalinda: Bueno,... ¿Cuánto dinero metiste?
Hortensio: Bueno, las tarjetas de crédito más quinientos dólares.
Agente: Muy bien, entonces vamos a... a buscar esa maleta y si nos deja su número de teléfono aquí en
            la ciudad... eh, los llamamos cuando la encontremos.
Rosalinda: O.K., muchísimas gracias.
Hortensio: Rosalinda, ¿cuál es nuestro teléfono?
Rosalinda: Mm,... la verdad es que no me acuerdo...

Post-chapter activity

Before playing this segment for students for the second time, have the class volunteer information that they remember from the first time they listened (who is involved, what was lost, how it happened, etc.). Tell students that this time they will listen for details, including what other pieces of luggage the couple had and how the misunderstanding that led to the loss of the suitcase occurred.

Ask students:
1. Describe las otras maletas de Hortensio y Rosalinda. *(una grande roja y una chiquita verde de piel)*
2. ¿Cómo es que se les perdió la maleta a Hortensio y Rosalinda? *(Rosalinda creía que Hortensio la facturó y Hortensio creía que Rosalinda la facturó.)*
3. Según Hortensio, ¿qué hacía él mientras pensaba que Rosalinda facturaba la maleta? *(Cambiaba el neumático en la carretera.)*

Bonus question:
Qué va a hacer el agente de reclamo de equipajes tan pronto como encuentre la maleta? *(Va a llamarlos a un número de teléfono aquí en la ciudad.)*

As a follow-up activity: Hortensio and Rosalinda eventful trip so far.

Unit extension activities: Have students work in pairs. One student is the traveler; the other is the travel agent. The first student calls the travel agent to book a trip to your town or city. He/She should make arrangements including travel and hotel and ask for recommendations about good places to eat.

Have students work in small groups. Each group will work together to create plans for an ideal evening Encourage students to be as creative as possible when creating their list of activities. Once each group has decided upon their plans, have students walk around the room and talk to students from other groups, issuing invitations to attend the evening they have planned. Each student, after hearing invitations from all the other groups, must decide which one to accept. Then, he/she must formally accept that invitation and to back to the other groups to decline their offers politely.

LA BAMBA

Para bailar la Bamba
Para bailar la Bamba se necesita
una poca de gracia
una poca de gracia y otra cosita
ay arriba y arriba
ay arriba y arriba y arriba iré
Yo no soy marinero, yo no soy marinero
Soy capitán, soy capitán, soy capitán

Un viejito en la cama
Un viejito en la cama
se le paraba una mosca en la frente
una mosca en la frente
y lo despertaba
ay arriba y arriba
ay arriba y arriba y arriba ire
Yo no soy marinero, yo no soy marinero
Por ti seré, por ti seré, por ti seré.

Para subir al cielo
Para subir al cielo
se necesita una escalera grande
una escalera grande y otra chiquita
ay arriba y arriba
ay arriba y arriba y arriba iré
Yo no soy marinero, yo no soy marinero
Soy capitán, soy capitán, soy capitán

Ay te pido y te pido
Ay te pido y te pido
de compasión que se acabe la Bamba
que se acabe la Bamba y denme otro son
ay arriba y arriba
ay arriba y arriba y arriba iré
Yo no soy marinero, yo no soy marinero
Por ti seré, por ti seré, por ti seré.

Music performed by Flor de Caña.

LISTENING ACTIVITY MASTERS ANSWER KEY

Capítulo preliminar

Primera etapa
I.

llevaba	fue
vendía	se convirtió
vendía	creció
hacía	estuve
había	compró
querían	compró
buscaba	tuvo
quería	encontró
miraba	empezó
le gustaba	dijo
quería	tomó
tenía	se fueron
podía	continué
seguía	llegué
vendían	fue

Segunda etapa
I.

me llamo	**1.** b
se pone	**2.** a
se siente	**3.** a
se encarga	**4.** c
se ocupa	**5.** c
me encargo	**6.** b
nos levantamos	**7.** b
nos duchamos	**8.** c
nos desayunamos	
nos preparamos	
nos vamos	
nos sentamos	
nos encontramos	
nos quedamos	
se vuelven	

Aquí llegamos
I.

hizo	necesitaba	Quédate	es
estaba	construyó	das	puedo caminar
quería	llegó	dio	tengo
tenía	dijo	dió	me duele
empezó a buscar	hace	se quedó	Déjame estar
conseguir	puedo resistir	llegó	contestó
llegó	déjame vivir	tocó	Puedes quedarte
empezó a nevar	contestó	dijo	tienes que regalarme

dio	Puedo vivir	dio	vive
se quedó	dijo	explica	es
pasar	te puedes quedar	es	envejece
llegó	tienes que dar	es	llega
dijo	estaba	está	se convierte
necesito	dijo	vive	
estoy	se quedó	es	
tengo	pudo vivir	es	

II.

1. b
2. a
3. a
4. b
5. a

PRIMERA UNIDAD

Capítulo uno

I.

1. F		1. c
2. C		2. a
3. C		3. a
4. C		4. b
5. F		5. a
6. F		6. b

Capítulo dos

I.

Tortilla española
Calamares fritos
Pescado frito
Chuletas de cerdo
Bistec
Flan
Ensalada mixta
Ensalada de cebolla y tomate
Agua mineral con gas
Agua mineral sin gas

IV.

1. E
2. M

V.

a. 6
b. 5
c. 1
d. 2
e. 3
f. 7
g. 4

Capítulo tres

V.

1. C
2. F
3. C
4. F
5. C
6. F
7. C

Aquí llegamos

I.

Mi restaurante favorito

Mi restaurante favorito es muy pequeño y casi no se ve desde la calle, pero sirven la mejor comida de Madrid. El dueño del restaurante, don Ramón, es especialista en los platos típicos de las provincias españolas. Uno de los platos que más me gusta es el pollo al chilindrón. En verano, cuando hace mucho calor en Madrid, don Ramón sirve un gazpacho delicioso. Siempre lo prepara con ingredientes frescos y lo sirve bien frió.

II.

a. 1
b. 4
c. 3
d. 2

III.

1. -
2. -
3. -
4. ✓
5. -
6. ✓
7. ✓
8. ✓

IV.

1. a
2. a
3. b
4. b

UNIDAD DOS

Capítulo cinco

I.

en	a	hasta	hasta
del		a	en
por	de	de	a
de	hacia	desde	después de
de	a	en	
por	de	a	
de	de	hasta	

IV.
1.

    a. 4
    b. Soria
    c. sí
    d. 3 días
    e. 7:50

2.

    a. 4
    b. Cartagena
    c. Sí
    d. 15 días
    e. 10 a.m.

Aquí llegamos
III.

    a. 2
    b. 3
    c. 1
    d. -

IV.
Cristina vuela a México

Salí de los Estados Unidos en un vuelo de la línea aérea mexicana, Aeroméxico. Llegué al aeropuerto internacional, que queda bastante lejos del centro de la Ciudad de México. Antes de viajar, mis amigos me habían aconsejado tomar un colectivo para llegar al centro. En la información del aeropuerto, me dieron las instrucciones para encontrar la parada del colectivo. Cuando llegué allí, le compré el boleto al conductor antes de comenzar el viaje. Viajé hacia el centro compartiendo la camioneta con otros pasajeros que iban en la misma dirección. Fue un viaje muy interesante.

UNIDAD TRES

Capítulo siete
I.

    1. a
    2. a
    3. b
    4. b
    5. a

II.

    cuente
    comprendas
    terminen
    haya
    repita
    viva

Capítulo ocho

VI.

1. b
2. c
3. b
4. b
5. b
6. c

Capítulo nueve

VI.

1. C
2. S
3. C
4. S
5. C
6. S
7. S
8. C

Aquí llegamos

II.

Rosa la cantante de flamenco

Me llamo Rosa. Soy gitana y nací en Granada, el la provincia española de Andalucía. Tengo dieciocho años y toda mi vida he cantado y bailado flamenco.

Cuando era una niña, mi abuela me enseñó los conocimientos básicos del flamenco, el baile de mi pueblo. Yo bailaba siempre acompañada por la guitarra y la voz de mi padre, José Luis.

Muchas veces, por las tardes, llegaban turistas al barrio donde vivíamos y yo bailaba para ellos. Me daban siempre dinero y me decían que bailaba muy bien.

Hace un año que estoy en Madrid, viviendo con la familia de mi tía Lola, una mujer encantadora y muy buena. Por las noches trabajo bailando en algunos sitios turísticos.

Mi sueño es llegar a ser una gran bailarina de flamenco. ¡Ojalá se realice mi sueño!

III.

una guitarra	vaya usted
guitarras	instrumentos musicales
la guitarra sea	cuerda
toca usted	la conozco
toco música española	violín
interpreto	compraré
flamenco	la recomendación
música flamenca	encuentre usted
concierto	encuentre

IV.

1. F
2. C
3. F
4. C
5. F

6. C
7. C
8. C
9. F

Capítulo doce
I.

1. reconociera
2. quería, conociera
3. llevaba, se perdiera
4. habían, llevara
5. dijo, diera, pudiera
6. pagó, pudieran
7. estuviera, era

Aquí llegamos
I.

se encontraba	si estaba
como si	consiguió
estuvieran	como si fueran
Escuchaba	murmullo
voces	llegando
alrededor	sentía
una mosca	hubiera
no entendía	Hizo
extranjero	escuchó
darse cuenta	el terrible

II.

1. a
2. a
3. b
4. b

III.

1. a
2. b
3. a
4. a
5. b
6. b
7. b